Elogios a

«Mark Batterson es un hombre práctico y humilde... sin embargo, constantemente me hace crecer. Lo sigo como líder, lo admiro como innovador y lo estimo como amigo. Mark se ha convertido en una de las voces más importantes de nuestra generación. Todo lo que toca, transforma vidas».

—Craig Groeschel, pastor de Lifechurch.tv,
autor de *Sin filtro* y *El noviazgo*

«El libro de Mark Batterson, *Tras el rastro del Ave Salvaje,* hace detonar al cristianismo anémico que se disfraza de "algo real" y nos impulsa de manera grandiosa a ser lo que podemos y debemos ser si permitimos que el Espíritu Santo sea todo en nuestra vida. ¡Permite que esta lectura te lleve a cosas mayores!».

—Louie Giglio, Passion Conferences, conferencista
y autor de *El regreso* y *Goliat debe caer*

«Como líder y maestro, Mark Batterson aporta imaginación, energía y profundidad. La genuina calidez de Mark y su sinceridad se manifiestan en su manera de comunicarse, en la cual combina un intenso amor por su comunidad con un apasionado anhelo por verla tener la vida que Dios sueña para ella. Aprecio su disposición a arriesgarse con audacia y hacer todo lo posible para llegar a nuestra cultura con un mensaje que sea verdaderamente relevante».

—Ed Young, pastor principal de Fellowship Church

«*Tras el rastro del Ave Salvaje* vuelve a poner el advenimiento en la aventura, y nos libera a todos para descubrir que la palabra "riesgo" puede ser otra definición de la fe».

—Leonard Sweet, Drew University,
George Fox University, sermons.com

«Mark Batterson, líder reflexivo y lleno de energía, nos obliga a meditar en la manera de vivir nuestra fe. Cuando Mark dice algo, lo escucho de inmediato».

—Frank Wright, presidente y director ejecutivo
de National Religious Broadcasters

«La pasión de Mark por Dios y por nuestra generación es contagiosa. Su manera de escribir es sincera y profunda. Así que: Ve tras el rastro del Ave Salvaje y no volverás a ser el mismo».

—Margaret Feinberg, autora de
Un Dios sin agregados

«Mark Batterson es uno de los pensadores vanguardistas de la iglesia. En este libro, nos hace reflexionar —tanto en el pasado como en el futuro— con el objeto de que descubramos las respuestas a los "por qué" de la vida. Con esta obra, Tras el rastro del Ave Salvaje, nos ayuda a hallarle sentido a este hermoso enredo al que llamamos vida».

—Lindy Lowry, editora de la revista Outreach

TRAS EL RASTRO DEL AVE SALVAJE

Mark Batterson

TRAS EL RASTRO DEL AVE SALVAJE

www.EditorialNivelUno.com
Para vivir la Palabra

Para vivir la Palabra

MANTÉNGANSE ALERTA;
PERMANEZCAN FIRMES EN LA FE;
SEAN VALIENTES Y FUERTES.
—1 CORINTIOS 16:13 (NVI)

Originally published in English under the title:
Wild Goose Chase by Mark Batterson
Copyright © 2008 by Mark Batterson
Published by Multnomah Books
an imprint of The Crown Publishing Group
a division of Penguin Random House LLC
10807 New Allegiance Drive, Suite 500
Colorado Springs, Colorado 80921 USA

International rights contracted through Gospel Literature International
P.O. Box 4060, Ontario, California 91761 USA

This translation published by arrangement with
Multnomah Books, an imprint of The Crown Publishing Group,
a division of Penguin Random House LLC

Edición en español © 2019 Editorial Nivel Uno, una división de Grupo Nivel Uno, Inc.

Publicado por:

Editorial Nivel Uno, Inc.
3838 Crestwood Circle
Weston, Fl 33331
www.editorialniveluno.com

ISBN: 978-1-941538-57-9

Desarrollo editorial: *Grupo Nivel Uno, Inc.*
Diseño interior y portada: *Grupo Nivel Uno, Inc.*
Adaptación de portada: *Cristian Daldi*
Fotografía de portada: *shutterstock*

Impreso en USA

18 19 20 21 22 VP 9 8 7 6 5 4 3 2

A Dick Foth, mi amigo,
mentor y compañero tras el rastro del Ave Salvaje

CONTENIDO

CAPÍTULO 1

ÁNGELES ABURRIDOS

La vida como una aventura espiritual

La vida, o es una osada aventura,
o no es nada.
—Helen Keller

Los cristianos celtas le daban al Espíritu Santo un nombre que siempre me ha intrigado. Lo llamaban *An Geadh-Glas;* esto es la: «Oca Salvaje». Me encantan las imágenes de este tipo y lo que quieren decir. Este nombre se refiere a la misteriosa naturaleza del Espíritu Santo. De manera muy parecida a lo que sucede con una oca salvaje, al Espíritu de Dios no es posible seguirle el rastro ni domesticarlo; ya que lo rodean un elemento de peligro y un aire de imprevisibilidad. Y, aunque la primera vez que oigamos este nombre, nos pueda parecer un poco sacrílego, no se me ocurre algo mejor que describa lo que es ir siguiendo la dirección del Espíritu Santo toda la vida, que *Tras el rastro del Ave Salvaje*. Me parece que los cristianos celtas descubrieron algo que se había perdido en el cristianismo institucionalizado. Y me pregunto si nosotros no le habremos cortado las puntas de las alas a esa Ave Salvaje y nos hayamos conformado con algo inferior —muy inferior— a lo que Dios quiso darnos originalmente.

Entiendo que cuando hablamos de una «caza sin rumbo», nos solemos referir a una empresa carente de propósito y sin un destino definido. Sin embargo, la caza de esta Ave Salvaje es diferente. Algunas veces, lo que nos indica el Espíritu Santo nos podrá *parecer* muy carente de sentido, pero puedes estar seguro de que Dios está obrando dentro de su propio plan. Y si te dedicas a cazar esa Ave Salvaje, te llevará a lugares donde nunca te habías imaginado que irías y por caminos que ni siquiera sabías que existían.

No conozco a un solo seguidor de Cristo que no se haya sentido estresado al tratar de descubrir cuál es la voluntad de Dios para él. Queremos resolver el misterio de la voluntad de Dios, de la misma manera que resolvemos un sudoku o un crucigrama. Pero de acuerdo a mi experiencia personal, el análisis intelectual suele terminar en parálisis espiritual.

Tratamos de lograr que Dios quepa dentro de los límites de nuestra corteza cerebral. Tratamos de reducir su voluntad a los límites lógicos de nuestro hemisferio izquierdo del cerebro. Pero la voluntad de Dios no es ni lógica ni lineal. Es abiertamente confusa y complicada.

Hay una parte de nuestro ser que se siente como si algo estuviera espiritualmente mal en nosotros cuando experimentamos *incertidumbre circunstancial.* Pero eso es precisamente lo que Jesús nos prometió que sucedería cuando naciéramos del Espíritu y comenzáramos a seguirle (Juan 3.8). *La mayor parte de las veces, muchos de nosotros no tendremos ni idea de hacia dónde nos dirigimos.* Y sé que eso crea zozobra. Sin embargo, esa incertidumbre circunstancial también tiene otro nombre: se llama aventura.

Creo que es justo que te haga una advertencia al estilo del Ave Salvaje, desde el inicio de este libro: no hay nada más desconcertante o desorientador que la búsqueda apasionada de Dios. Y mientras más pronto aceptemos esa realidad espiritual, más disfrutaremos de nuestra marcha. En conciencia, no te puedo prometer ni seguridad ni certeza. Sin embargo, sí te puedo prometer que la caza de esta Ave Salvaje no va a tener nada de aburrida.

LAS ISLAS DEL EDÉN

Hace poco visité un lugar que debe ser el más parecido al jardín del Edén entre todos los lugares de la tierra. Casi me parecía incorrecto que llegara a las islas Galápagos en avión. Llegar a la orilla impulsado por las olas en una balsa hecha de bambú habría parecido más adecuado.

La mayor parte del tiempo que pasamos en las islas estuvimos en un barco que no parecía lo suficientemente grande para las doce personas que estaban a bordo, ni para las olas oceánicas de casi cuatro metros con las que nos encontramos. Y como era de esperar, supimos poco después de nuestra visita que aquel barco se había volcado en el mar. Habría sido bueno tener una información así antes de subir a bordo, pero decididamente, aquello le añadió a nuestra estadía un elemento de aventura.

Toda la semana estuvo llena de nuevas experiencias. Me dediqué a bucear cerca de la superficie por vez primera, y pude ver algunas de las asombrosas creaciones de Dios que se hallan bajo el agua. ¿De dónde sacó esos juegos de colores? En un momento imprevisto e inolvidable, mi hijo Parker y yo estuvimos nadando con un grupo de juguetones leones marinos. Y logré una de mis metas en la vida, al saltar desde un acantilado de más de doce metros de altura hasta la estrecha garganta de un río en un lugar conocido como Las Grietas. ¡Vaya chorro de adrenalina!

El viaje consistía en aventuras y más aventuras. Por eso, el dicho que encontramos escrito en español en una lata de Sprite aquella semana, parecía tan adecuado que lo adoptamos como lema: *Otro día, otra aventura.*

Me encantan esas cuatro palabras inspiradas por Sprite. Captan en esencia lo que vivimos día tras día en las Galápagos. Me parece que esas palabras hacen resonancia con una de las añoranzas más profundas del corazón humano: el afán de aventurarse. Y no estoy seguro de poder encontrar una descripción mejor de lo que es buscar a Dios.

Saca al Espíritu Santo de la ecuación de mi vida, y habría que deletrearla de esta manera: ¡a-b-u-r-r-i-d-a! Añádelo a la ecuación de tu vida y te podrá pasar de todo. Nunca sabrás con quién te vas a encontrar, dónde vas a ir o qué vas a hacer. Basta con ese factor para cambiarlo todo.

Si describes tu relación con Dios como algo carente de aventuras, entonces tal vez pienses que estás siguiendo al Espíritu, cuando en realidad te has conformado con algo menos que eso; algo a lo que yo llamo *cristianismo a la inversa.* En lugar de seguir al Espíritu, lo invitamos para que Él nos siga a nosotros. En lugar de servir nosotros a los propósitos de Dios, queremos que sea Él quien sirva a los nuestros. Y aunque tal vez esto

14

parezca solo una sutil distinción, hay un océano de diferencia entre ambas posturas. El resultado de esta relación a la inversa con Dios no es solamente una espiritualidad absorta en nuestra propia persona que nos deja una sensación de vacío, sino también la diferencia entre el aburrimiento espiritual y la aventura espiritual.

CRISTIANOS ENJAULADOS

El archipiélago de las Galápagos, situado a quinientas millas náuticas (unos 926 kilómetros) de las costas de Ecuador, es uno de los lugares más primitivos del planeta. Aunque muchas de las islas de este archipiélago, que son en total cuarenta y nueve, están habitadas, la mayoría de ellas se encuentran en un estado totalmente primitivo. Cuando estuve allí, sentí que estaba demasiado lejos de la civilización. Es un lugar edénico.

Por alguna razón, en el ambiente de las Galápagos sentí una nueva afinidad con Adán. Eso me ayudó a imaginarme cómo debe haber sido la vida antes de la Caída. Las Escrituras nos dicen que uno de los primeros trabajos que Dios le dio a Adán fue el de ponerles nombre a los animales (Génesis 2.19). Nosotros leemos esto y seguimos de largo. Pero debe haber necesitado años de investigación y exploración para completar aquel proyecto. No creo que Dios haya hecho desfilar a los animales frente a Adán de uno en uno; pienso que Dios permitió que Adán los descubriera cada cual en su hábitat natural. Imagínate lo emocionante que debe haber sido para Adán ver por vez primera una estampida de ñúes, un grupo de cabras monteses subiendo por los riscos o una manada de rinocerontes.

Así es como me sentía cuando estaba en las Galápagos. Y allí fue donde descubrí la diferencia entre ver a un animal enjaulado en un zoológico y estar a un metro de distancia de una gigantesca iguana marina, o caminar por una playa mientras hay centenares de leones marinos ladrando en ella, o flotar sobre unas mantarrayas mientras se deslizan por el fondo del océano. Una cosa es ver a un ave metida en una jaula. Y es una experiencia totalmente distinta ver a un pelícano que tiene el aspecto de un pterodáctilo prehistórico volar en círculo a quince metros por encima del barco donde va uno, lanzarse en picada a toda velocidad al océano y salir a la superficie con el desayuno en su inmenso pico.

Pocas cosas se pueden comparar a la emoción de ver a un animal salvaje en su hábitat natural. Hay algo muy inspirador en ver a un animal salvaje haciendo aquello para lo que fue creado. Sin civilizar. Sin domesticar. Sin enjaular.

Así que unas pocas semanas después de regresar de las Galápagos, nuestra familia pasó una tarde en el Zoológico Nacional, cerca de nuestro hogar en Washington DC. Es un zoológico fantástico. Pero después de ir a las Galápagos, ya no es lo mismo. Mi gusto por los zoológicos quedó arruinado. No es igual ver a un animal enjaulado. Está demasiado seguro. Demasiado domesticado. Demasiado predecible.

Hubo un momento en que atravesábamos a pie el lugar donde estaban los grandes simios, y me vino a la mente este pensamiento mientras miraba a través de la protección de la ventana de acrílico a un gorila enjaulado que pesaba unos ciento ochenta kilos: *Me pregunto si las iglesias no le harán a la gente lo que les hacen los zoológicos a los animales.*

Amo a la iglesia. La llevo en la sangre. Y no estoy diciendo que la forma en que la iglesia mete a la gente en jaulas sea intencional. De hecho, es posible que se haga con la mejor de las intenciones. Pero con demasiada frecuencia, sacamos a la gente de su hábitat natural y tratamos de domesticarla en el nombre de Cristo. Tratamos de eliminar los riesgos. Tratamos de anular los peligros. Tratamos de quitar las luchas. Y al final, lo que nos queda es un cristiano enjaulado.

En lo más profundo de nuestro ser, todos anhelamos algo más. Por supuesto, la parte de nosotros que ya está domesticada, se acostumbra cada vez más a la seguridad de la jaula. En cambio, aquellas partes de nuestro ser que no están domesticadas anhelan algo de peligro, algún desafío, alguna aventura. Y en algún punto de nuestro peregrinar espiritual, lo segura y predecible que se vuelve la jaula nos deja de satisfacer. Tenemos una añoranza primitiva por estar fuera de ella. Y la jaula se abre cuando reconocemos que Jesús no murió en la cruz para mantenernos seguros. Jesús murió para hacernos peligrosos.

No hay ningún problema con que oremos para pedir protección. Yo oro para pedir un vallado protector alrededor de mis tres hijos todo el tiempo. Es posible que tú mismo hagas también esa clase de oración. Ahora bien, ¿cuándo fue la última vez que le pediste a Dios que te hiciera un ser humano peligroso?

A mí me agradaría pensar que cuando pronuncio la bendición final al terminar los cultos de nuestra iglesia, estoy enviando gente peligrosa de vuelta a su hábitat natural para causarle estragos al enemigo.

VIVIR DE UNA MANERA PELIGROSA

De vez en cuando tengo pensamientos aleatorios, que parecen salir de la nada. Este es uno de ese tipo que corrió por mis sinapsis hace muy poco tiempo: ¿Bostezarán los ángeles?

Sé que tiene todo el aspecto de una pregunta teológica bastante tonta, pero me pregunto en serio si los ángeles tendrán la capacidad de aburrirse. Más importante aun, me pregunto si algunos no estaremos llevando una vida tan segura, que no solo somos nosotros los aburridos, sino también nuestros ángeles guardianes. Si pudieran hacerlo, ¿podrían nuestros ángeles sacarnos de nuestra jaula para suplicarnos luego que les diéramos algo peligroso que hacer?

En las páginas que siguen vas a conocer a unas cuantas personas peligrosas. Eso sí, son gente común y corriente. Tienen dudas, temores y problemas, tal como los tenemos tú y yo. Pero su valentía para salir de la jaula y vivir de una manera peligrosa por la causa de Cristo te inspirará y te retará a seguirlos, mientras ellos a su vez siguen la dirección que les indica el Espíritu.

Pienso en Ana Luisa, que usó las millas de vuelo acumuladas en su tarjeta para volar hasta la India, y allí sacrificarse sirviendo a los más pobres entre los pobres en una clínica médica. Pienso en Mike, que comenzó un peligroso ministerio en un lugar riesgoso: un espectáculo pornográfico de Las Vegas. Pienso en Adam, cuya sensibilidad ante el Ave Salvaje tuvo por consecuencia un encuentro que transformó su vida en un viaje misionero hasta el otro extremo del mundo. Y pienso en Becky, que tomó la decisión consciente de poner en peligro su propia vida al convertirse en parte de la cruzada contra el tráfico de seres humanos.

¿Desde cuándo se ha vuelto algo seguro seguir a Cristo? Tal vez ya vaya siendo tiempo de salir de la jaula para vivir de una manera peligrosa por la causa de Cristo.

UNA VIDA DE AVENTURA

El filósofo y teólogo danés Søren Kierkegaard creía que el aburrimiento es la raíz de toda maldad. Yo apoyo su moción. El aburrimiento no es solo eso; el aburrimiento no es correcto. No se puede vivir por fe y al mismo tiempo estar aburrido. La fe y el aburrimiento son antitéticos.

Con este telón de fondo, piensa en la historia del joven rico que aparece en los evangelios. En verdad, aquel joven rico lo tenía todo: juventud, riquezas y poder. Sin embargo, aún le faltaba algo. Estaba aburrido con su fe. Y creo que esto se evidencia en la pregunta que le hizo a Jesús: «¿Qué más me falta?» (Mateo 19.20).

Te voy a decir exactamente qué era lo que le faltaba: aventura espiritual. Su vida era demasiado fácil, demasiado predecible y demasiado cómoda. Cumplía con todos los mandamientos, pero sentía que eran una especie de jaula religiosa. Yo pienso que tenía en lo más profundo de sí la añoranza de algo más que no se limitara a no hacer nada malo.

Escúchame, es correcto y bueno que no quebrantemos los mandamientos que nos prohíben algo. Pero limitarnos a no quebrantar esos mandamientos no satisface espiritualmente. Nos deja sintiéndonos enjaulados. Y con franqueza, me parece que así es como nos sentimos muchos de nosotros.

Durante esta última década he tenido el privilegio de servir como pastor principal de la National Community Church (NCC), en Washington DC. Como sucede con todas las iglesias, nuestra demografía y nuestra geografía son únicas. El setenta por ciento de los miembros de la NCC son solteros en sus veintitantos años de edad que se están enfrentando a la crisis de la cuarta parte de la vida. Y la mayoría de ellos viven o trabajan en Capitol Hill. Por eso, la observación que voy a compartir ahora contigo ha sido moldeada sin duda por la etapa de la vida en que se halla nuestra congregación y por la mentalidad de nuestra ciudad. Pero también me parece que la naturaleza humana es la naturaleza humana. Y he aquí lo que he observado: *Para muchos cristianos, tal vez para la mayoría de ellos, su fe es aburrida.*

Sabemos que Dios nos ha perdonado nuestros pecados y los ha olvidado. Sabemos que vamos a pasar la eternidad con Él cuando atravesemos los límites del espacio y del tiempo. Y estamos haciendo nuestro mejor esfuerzo por vivir dentro de la protección de la voluntad de Dios buena, agradable y perfecta. Pero aun así, tenemos una acuciante sensación de que nos falta algo.

Me parece que el joven rico representa a una generación que anhela salir de su jaula para vivir peligrosamente por la causa de Cristo. Pero son demasiados entre nosotros los que terminan conformándose con la mediocridad espiritual, en lugar de esforzarse por llegar a la madurez espiritual. Jesús le habla a ese profundo anhelo de aventuras al desafiarnos para que salgamos de nuestra jaula. Pero salir de la jaula significa desechar aquello mismo en lo cual hallamos nuestra seguridad e identidad, aparte de Cristo.

En el caso del joven rico, su jaula era la seguridad económica. Por eso Jesús le dijo: «Si quieres ser perfecto, anda, vende lo que tienes y dáselo a los pobres, y tendrás tesoro en el cielo. Luego ven y sígueme» (Mateo 19.21).

Hay una parte de nuestro ser que se siente mal por lo sucedido al joven rico, ¿no es así? ¿Cómo es posible que Jesús le exigiera tanto? ¡Le estaba pidiendo que renunciara a todo lo que tenía! Sin embargo, no valoramos el ofrecimiento que Jesús le hizo.

Yo vivo en la capital mundial de los aprendices. Cada verano son decenas de miles los adultos jóvenes que peregrinan al DC para tratar de conseguir el aprendizaje correcto con la persona debida, porque saben que les puede abrir la puerta que en realidad necesitan. Es asombroso ver la cantidad de miembros del Congreso que fueron pajes de congresistas en el pasado, y los jueces del Tribunal Supremo que primero fueron oficinistas en el Tribunal Supremo.

No me interesa todo lo que ese joven rico tenía que dejar atrás, porque Jesús le estaba ofreciendo mucho más. Esa era la gran oportunidad de su vida: un aprendizaje, nada menos que con el Hijo de Dios. Vamos, ¡eso se tiene que ver bien en tu currículum vitae! Una experiencia de este tipo no tiene precio. Sin embargo, el joven rico la rechazó. Prefirió quedarse en su jaula. Y cometió el mismo error que cometemos tantos de nosotros: escogió una vida llena de accesorios, rechazando una vida de aventura, una vida dedicada a la caza del Ave Salvaje.

Comparemos ahora al joven rico con los doce discípulos sin domesticar que aceptaron aquel aprendizaje sin paga. Estos oyeron las parábolas con sus propios oídos. Bebieron del agua que Jesús convirtió en vino. Filetearon los peces de una pesca milagrosa. Y estaban presentes cuando Jesús interrumpió la actividad comercial que había en el templo, cuando caminó por el agua y cuando ascendió al cielo.

En una época en la cual la persona promedio nunca viajaba fuera de un radio de unos sesenta kilómetros alrededor de su hogar, Jesús envió a sus discípulos a las cuatro esquinas del mundo antiguo. Aquellos pescadores comunes y corrientes, que de otra manera habrían vivido y muerto a poca distancia del mar de Galilea, fueron enviados a los confines de la tierra, tal como ellos la conocían. ¡Eso sí es ir a la caza del Ave Salvaje! Según Eusebio, historiador que vivió entre los siglos tercero y cuarto, Pedro viajó por mar hasta Italia; Juan fue a parar al Asia Menor; Jacobo, el hijo de Zebedeo, llegó hasta España; e incluso Tomás, el escéptico, fue cazando al Ave Salvaje hasta llegar a la India.

Al igual que el joven rico, nosotros también tenemos una decisión que tomar. Jesús nos está haciendo el mismo ofrecimiento. Nos podemos quedar en nuestra jaula, terminar teniéndolo todo, y entonces darnos cuenta de que no tiene valor alguno. O podemos salir de nuestra jaula para dedicarnos a cazar al Ave Salvaje.

SEIS JAULAS

En el libro que precede a este, *Con un león en medio de un foso,* cuento de nuevo la historia de un guerrero de la antigüedad llamado Benaías, para mostrar que Dios quiere que les demos caza a las oportunidades de más de doscientos kilos que se nos crucen en el camino. Y en él cito este aforismo: «Sin agallas, no hay gloria». Cuando nos faltan agallas para dar un paso en fe, le estamos robando a Dios la gloria que le pertenece por derecho[1]. En *Tras el rastro del Ave Salvaje* quiero ir un paso más allá para mostrarte cómo toda la vida se convierte en una grandiosa aventura cuando nos dedicamos a cazar al Ave del cielo, incomparable e imposible de rastrear. Para eso, vamos a recorrer de nuevo los pasos de seis cazadores del Ave Salvaje que encontramos en las páginas mismas de las Escrituras. Y lo hago con la esperanza de que sus huellas nos guíen en la caza del Ave Salvaje. Pero antes de que comience la cacería, necesito recordarte algo muy sencillo. Este libro tiene que ver con algo más que el hecho de que tú y yo experimentemos una aventura espiritual. De hecho, el libro no tiene nada que ver contigo. Es un libro acerca del Autor y Perfeccionador de nuestra fe (Hebreos 12.2), quien quiere escribir su historia a través de tu vida. Y si lees las Escrituras, descubrirás que su género literario favorito es el de las aventuras de acción.

Por supuesto, puedes escoger la seguridad de una vida totalmente predecible en una jaula, rechazando así la aventura que Dios te tiene destinada. Pero no serás el único que quedará excluido o que salga perdiendo. Cuando nos falta la valentía necesaria para salir tras el rastro del Ave Salvaje, lo que cuesta la pérdida de esta oportunidad es realmente escalofriante. ¿Quiénes es posible que no lleguen a oír hablar del amor de Dios, si tú no aprovechas la oportunidad de hablarles? ¿Quiénes se podrían quedar atascados en la pobreza, en la ignorancia o el sufrimiento, si tú no estás presente para ayudarlos a liberarse? ¿Dónde se quedaría estancado el avance del reino de Dios en el mundo porque tú no estuviste en la primera línea de la lucha?

Los discípulos de Jesús no solo llevaron una vida emocionante después del día de Pentecostés, sino que volvieron el mundo al revés (Hechos 17.7). Y tú también puedes ser parte de esto. *Tras el rastro del Ave Salvaje* es una invitación a participar en algo que es más grande y más importante que tú.

¿La aceptas?

En las páginas que siguen, voy a identificar seis jaulas que nos impiden andar con libertad con el Ave Salvaje, y vivir la aventura espiritual que Dios destinó para nosotros. No estoy seguro de cuáles sean las jaulas en las que te encuentres atrapado. Pero la buena noticia es la siguiente: Entre tú y la aventura espiritual que Dios te tiene destinada, solo está la caza de un Ave Salvaje.

La primera es la *jaula de la responsabilidad*. Durante el transcurso de la vida, las pasiones que Dios tiene dispuestas para nosotros tienden a quedar enterradas debajo de las responsabilidades de la vida cotidiana. Unas responsabilidades menos importantes desplazan a otras más importantes. Por lo que se convierten en excusas espirituales que nos impiden lanzarnos a la aventura que Dios nos tiene destinada. Sin siquiera saberlo, comenzamos a practicar algo que llamo *responsabilidad irresponsable*. La caza del Ave Salvaje comienza cuando aceptamos que nuestra mayor responsabilidad consiste en perseguir las pasiones que Dios nos ha puesto en el corazón.

La segunda es la *jaula de la rutina*. Es casi tan sutil como la primera. En algún punto de nuestro peregrinaje espiritual, la mayoría de nosotros cambiamos la aventura por la rutina. Una buena rutina no tiene nada de mala. De hecho, la clave del crecimiento espiritual consiste en desarrollar unas rutinas sanas y santas, conocidas como disciplinas espirituales. Pero cuando una rutina se vuelve rutinaria, necesitamos interrumpirla. De lo contrario, esas rutinas sagradas se convierten en ritos vacíos que nos mantienen enjaulados.

La tercera es la *jaula de los supuestos*. Las cosas que damos por supuestas impiden que muchos de nosotros nos dediquemos a ir tras el rastro del Ave Salvaje. *Ya estoy muy viejo. Todavía soy muy joven. No estoy capacitado. Estoy demasiado capacitado para eso. Es demasiado tarde. Es demasiado temprano.* Y la lista sigue. Cuando envejecemos, la mayoría de nosotros dejamos de creer para comenzar a dar las cosas por supuestas. Dejamos de vivir de la imaginación de la parte derecha del cerebro para comenzar a vivir de la memoria de la parte izquierda del cerebro. Y les fijamos unos techos de dos metros y medio a las cosas que Dios puede hacer.

La cuarta es la *jaula de la culpabilidad*. Las tácticas del enemigo no han cambiado desde el jardín del Edén. Él trata de neutralizarnos espiritualmente al lograr que nos enfoquemos en las cosas mal hechas del pasado. Satanás usa la culpabilidad para convertirnos en reaccionarios. Jesús vino para acondicionar de nuevo nuestros reflejos espirituales con su gracia, y convertirnos en revolucionarios por su causa. Mientras te mantengas enfocado en las cosas malas que hayas hecho en el pasado, no te quedarán energías para soñar los sueños del reino.

La quinta es la *jaula del fracaso*. Y, aunque parezca irónico, aquí es donde comienzan muchos la caza del Ave Salvaje. ¿Por qué? Porque a veces nuestros planes tienen que fracasar para que los planes de Dios puedan triunfar. Las desviaciones y los atrasos divinos son las formas en las cuales Dios nos lleva donde él quiere que vayamos.

Y la sexta y última es la *jaula del temor*. Necesitamos dejar de vivir como si la razón de ser de nuestra vida fuera llegar seguros a la muerte. En lugar de eso, necesitamos comenzar a jugar a la ofensiva con nuestra vida. El mundo necesita más gente atrevida con planes atrevidos. ¿Qué impide que tú estés entre esa clase de gente?

Quiero que sepas que antes de que tomaras la decisión de leer este libro, yo ya había comenzado a orar por ti. Oré para que *Tras el rastro del Ave Salvaje* cayera en las manos correctas y en el momento más oportuno. De manera que tengo la esperanza de que este libro sea para ti algo superior a una simple lectura informal. Es una cita divina en espera. Y creo que un capítulo, un párrafo o una frase tienen la capacidad de cambiar la trayectoria de tu vida.

Que comience la caza.

TU CAZA

- ¿Cómo reaccionaste ante la descripción céltica antigua de Dios como el «Ave Salvaje», sin domesticar, impredecible y siempre volando libre?
- ¿En qué sentido has estado viviendo un «cristianismo a la inversa», tratando de lograr que Dios sirva a tus propósitos, en lugar de ser tú quien sirvas a los de Él?
- Dentro de este espectro, ¿dónde te encuentras en estos mismos momentos?

Buscando
seguridad

Viviendo
peligrosamente
para Dios

- ¿Hasta qué punto te impresiona el llamado a la aventura espiritual? Dentro de ti, ¿qué es lo que le hace resonancia a ese llamado?
- De las seis jaulas descritas al final del capítulo, ¿cuál te parece que sería la que más se aplicaría a ti, y por qué?

CAPÍTULO 2

CARNE DE GALLINA

Cómo salir de la jaula de la responsabilidad

El alma vive de aquello que ama.

—San Juan de la Cruz

Hace ya algunos años me puse a pensar en la manera en que quería morir. Sé que esto suena morboso y exige alguna explicación, así que permíteme decirte cómo llegué a mi conclusión. Estaba leyendo un escrito acerca de un hombre llamado Wilson Bentley[2]. Nunca antes había oído hablar de él. No tenemos prácticamente nada en común. Y él murió mucho antes de que yo naciera. Pero cuando descubrí la forma en que murió, decidí que yo quería morir de la misma forma que Wilson Bentley.

Wilson creció en una granja de Jericho, estado de Vermont, y de niño desarrolló una verdadera fascinación por los copos de nieve. Una palabra mejor para calificar su interés sería *obsesión*. Durante las tormentas de nieve, la mayoría de la gente no sale de la casa. Wilson hacía lo contrario. Salía corriendo cuando comenzaban a caer los copos de nieve, los atrapaba sobre un paño de terciopelo negro, los miraba bajo un microscopio y los fotografiaba antes que se derritieran. Su primera microfotografía de un copo de nieve la tomó el 15 de enero de 1885.

> Bajo el microscopio, descubrí que los copos de nieve eran milagros de belleza, y me pareció una lástima que otros no pudieran ver y apreciar esa belleza. Cada uno de aquellos cristales era una obra maestra de diseño, y no había nunca diseños repetidos. Cuando un copo de nieve se derretía, su diseño se perdía para siempre. Tanta belleza desaparecía para siempre, sin dejar detrás rastro alguno[3].

Wilson, el primer fotógrafo de copos de nieve conocido, persiguió su pasión durante más de cincuenta años. Reunió una colección de 5.381 fotografías, que fue publicada en su obra maestra, titulada *Snow Crystak* [Cristales de nieve]. Y después tuvo una muerte insigne; una muerte que era símbolo y resumen de su vida. Wilson «Copo de nieve» Bentley contrajo una pulmonía mientras caminaba diez kilómetros bajo una fuerte tormenta de nieve, y murió el 23 de diciembre de 1931.

Y así es como decidí que yo quería morir. No, no quiero morir de una pulmonía, pero sí quiero morir haciendo lo que amo. Estoy decidido a seguir las pasiones que Dios ha puesto en mí hasta el día en que muera. La vida es demasiado valiosa para conformarme con menos.

No estoy convencido de que la fecha en que uno muere sea la misma que queda grabada en la lápida de su sepultura. La mayoría de la gente muere mucho antes. Comenzamos a morir cuando ya no nos queda nada por lo cual valga la pena vivir. Y en realidad, no comenzamos a vivir mientras no hayamos encontrado algo por lo cual valga la pena morir. Es irónico que el descubrimiento de algo por lo cual valga la pena morir sea precisamente lo que hace que valga la pena seguir viviendo.

Tal vez eso explique por qué Jesús estaba tan lleno de vida. Él tenía mucho —o mejor debería decir «muchos»— por lo que morir. Nadie sentía más pasión por la vida que Jesús. De hecho, al capítulo final de su vida se le da, y con toda razón, el nombre de Pasión. Y nosotros somos llamados a seguir sus pasos. Los seguidores de Cristo debemos ser las personas más apasionadas del planeta. Seguir las pasiones que Dios ha puesto en nosotros no es algo optativo. Es una parte esencial en la caza del Ave Salvaje. Y la aventura comienza en el mismo momento en que comenzamos a seguir una pasión dispuesta por Dios para nosotros.

LA IRRESPONSABILIDAD RESPONSABLE

Hace poco leí que la persona promedio se pasa en el trabajo aproximadamente la mitad de las horas que está despierta. En el transcurso de una vida entera, estamos hablando de cerca de cien mil horas en el trabajo[4]. A partir de esta estadística, tengo un par de consejos para ti. En primer lugar, consíguete una silla de oficina que sea ergonómica. En segundo lugar, y más importante todavía, no te busques una carrera.

Este es el error que cometemos tantos de nosotros: comenzamos persiguiendo una pasión y terminamos conformándonos con un sueldo. Así, en lugar de ir edificando una vida, todo lo que hacemos es ganarnos la vida. Y nuestras pasiones más profundas quedan sepultadas debajo de nuestras responsabilidades cotidianas.

No me malentiendas. Necesitas atender tus responsabilidades. Tienes que pagar tus deudas, sacar la basura de la casa y hacer planes para tu jubilación. Pero tu mayor responsabilidad consiste en seguir las pasiones que Dios ha puesto en ti. Y si permites que unas responsabilidades menos importantes desplacen a las más importantes, estarás practicando algo que ya mencioné en el capítulo anterior: la responsabilidad irresponsable.

Vemos esa clase de actitud errada en un hombre que se encontró con Jesús.

A otro le dijo:

—Sígueme.

—Señor —le contestó—, primero déjame ir a enterrar a mi padre.

—Deja que los muertos entierren a sus propios muertos, pero tú ve y proclama el reino de Dios —le replicó Jesús.

—Lucas 9.59, 60

Parece algo muy inocente, ¿no es así? El pobre hombre quería enterrar a su padre. Sin embargo, Jesús vio lo que había detrás de aquella cortina de humo espiritual. Aquel hombre estaba convirtiendo una responsabilidad en excusa. Lo de enterrar a su padre solo era una táctica dilatoria. Estaba permitiendo que una responsabilidad menos importante interfiriera en la responsabilidad y la oportunidad más grandes de toda su vida: seguir a Cristo.

Nosotros hacemos lo mismo. Convertimos nuestras responsabilidades en excusas. Y entonces es cuando nuestras responsabilidades se convierten en realidad en una forma de irresponsabilidad. Se convierten en la jaula que nos impide dar caza al Ave Salvaje. Y la única manera de salir de ella es la *irresponsabilidad responsable*.

Algunas veces, sentimos como si la voluntad de Dios fuera abiertamente irresponsable. Él te llama a tomar una decisión o un curso de acción que parecen no tener sentido. Y si lo haces, es posible que las personas más cercanas a ti piensen que te has vuelto loco. Hasta la misma familia de Jesús se sentía así con respecto a Él (Marcos 3.21). Pero actuar con una irresponsabilidad responsable significa negarnos a permitir que nuestras responsabilidades humanas interfieran en el seguimiento de las pasiones que Dios nos pone en el corazón.

Y aquí aparece Nehemías.

ΠO CALIFICADO

Una rápida lección de historia para poner en perspectiva la pasión de Nehemías.

En el año 586 a. C, el rey Nabucodonosor invadió Judá, capturó la ciudad de Jerusalén y se llevó a Babilonia a muchos de los judíos supervivientes. Cerca de cincuenta años más tarde, un judío llamado Zorobabel llevó el primer grupo del remanente de vuelta a Jerusalén para reconstruir la ciudad. El templo fue reconstruido en el año 516 a. C, pero las murallas de Jerusalén siguieron destruidas hasta el año 445 a. C. Así que Jerusalén se hallaba indefensa contra sus enemigos. Entonces fue cuando un copero judío que vivía en Babilonia, a un mundo de distancia, tuvo una idea loca.

Estando yo en la ciudadela de Susa, llegó Jananí, uno de mis hermanos, junto con algunos hombres de Judá.

Entonces les pregunté por el resto de los judíos que se habían librado del destierro, y por Jerusalén.

Ellos me respondieron: «Los que se libraron del destierro y se quedaron en la provincia están enfrentando una gran calamidad y humillación. La muralla de Jerusalén sigue derribada, con sus puertas consumidas por el fuego.»

Al escuchar esto, me senté a llorar; hice duelo por algunos días, ayuné y oré al Dios del cielo.

—Nehemías 1.1–4

Nehemías no tenía conocimientos de arquitectura en su relación de notas, ni experiencia en el trabajo de construcción en su currículum vitae. Y que nosotros sepamos, nunca antes había estado en Jerusalén. Tenía una grave falta de cualidades para seguir su pasión. Cuando lo pensamos, el que un copero reconstruyera las murallas de Jerusalén es algo digno de risa. La mayoría de las pasiones que Dios pone en nosotros lo son. Era tan digno de risa como el que un agricultor llamado Noé construyera un arca, un pastor llamado David peleara con un gigante filisteo, o un asesino llamado Pablo escribiera la mitad del Nuevo Testamento.

Cuando de hacer la voluntad de Dios se trata, las pasiones puestas en nosotros por Dios son mucho más importantes que cuantas capacidades humanas podamos aportar. De hecho, es frecuente que Dios nos use en el momento de nuestra mayor incompetencia. De esa forma, es Él quien se lleva todo el mérito.

Nehemías habría podido desechar con toda facilidad ese anhelo de reconstruir las murallas. Se podría haber buscado cuantas excusas le hicieran falta para quedarse en Babilonia. ¿Por qué no lo hacía su hermano? Al menos, él sí había estado en Jerusalén. Además de eso, Nehemías ya tenía un buen trabajo. No estoy seguro de la posición que ocupaba en el organigrama de Babilonia el copero del rey, pero estaba trabajando en la «Casa Blanca». No solo tenía un trabajo seguro, sino que había una serie de ventajas y privilegios asociados a su puesto. Le habría podido ser fácil quedarse donde estaba. Y en verdad, la reconstrucción de las murallas de Jerusalén no era responsabilidad suya. ¿O sí?

Te ruego que leas en ambiente de oración lo que estoy a punto de escribir. Cuando Dios pone una pasión en tu corazón, ya sea aliviar el hambre en el África o darles estudios a los niños de los barrios bajos, o hacer películas con un mensaje redentor, esa pasión que ha puesto en ti se convierte en tu responsabilidad. Y tienes una decisión que tomar. ¿Vas a ser irresponsablemente responsable o responsablemente irresponsable?

Mi amigo Gary Haugen fundó una asombrosa agencia para la protección de los derechos humanos llamada International Justice Mission (IJM) [Misión Internacional de Justicia]. Y su historia es asombrosamente similar a la de Nehemías. Gary tenía un excelente trabajo en el Departamento de Justicia cuando le fueron prestados sus servicios a las Naciones Unidas como jefe de la investigación sobre el genocidio en Ruanda. Al preparar su informe acerca de los miles de personas que fueron asesinadas en esa tragedia, Gary se enfrentó cara a cara con el sufrimiento humano a una escala gigantesca.

Gary habría podido regresar a su casa y olvidar por completo el sufrimiento que había visto. Pero en lugar de eso, hizo algo responsablemente irresponsable. Personalizó el problema y se convirtió en parte de la solución. Diez años más tarde, los abogados, investigadores y trabajadores sociales de la IJM son líderes en la lucha por acabar con la esclavitud moderna y con la opresión en el mundo entero.

No hace mucho tiempo asistí a una reunión del personal de la IJM. Sería mejor describirla como una «reunión de oración». La mayoría de los empleados son abogados que funcionan con la parte izquierda del cerebro, pero la IJM no funciona a base de lógica solamente. Funciona a base de pasión. Se notaba en la forma en que oraban. En el DC hay una gran cantidad de firmas de abogados que les pagarían un cheque con más cifras. Sin embargo, ellos hallaron una causa que era mucho mayor y más importante que un sueldo. Y ahora andan en busca de una pasión que Dios ha puesto en ellos: aliviar el sufrimiento de la humanidad.

Me imagino que Gary habría podido seguir distinguiéndose en la labor del Departamento de Justicia, pero pienso que el departamento se habría convertido para él en una jaula. Gary escogió responsabilizarse por la pasión que Dios le había puesto en el corazón.

Por eso le pregunté cómo había reunido suficiente valor para entregar su renuncia en el Departamento de Justicia y seguir tras esta pasión llamada IJM. Y él me dijo que uno de los mayores obstáculos que se encontró en su camino fue su responsabilidad como esposo y padre. Me dijo que tuvo que enfrentarse a la embarazosa posibilidad de un fracaso y a la necesidad de mudarse de vuelta con toda su familia a la casa de sus padres, si su pasión no daba resultados.

Vamos, ¿acaso eso no parece un tanto irresponsable? Si Dios está en el asunto, no. Eso es lo que se llama irresponsabilidad responsable.

En mi experiencia, la voluntad de Dios es difícil de discernir, porque con frecuencia comprende el que tomemos una decisión que parece irresponsable. Tal vez tengas que renunciar a un trabajo, o cambiar de especialización para dar el paso. Y en un cierto nivel, les parecerá algo irresponsable a los que no puedan ver la motivación que nos viene de Dios. Pero seguir una pasión que

Dios ha puesto en nosotros, por loco que parezca, es la cosa más responsable de todas las que podemos hacer.

FRACASADOS CON ÉXITO

En la universidad tuve un profesor que nos hizo una profunda pregunta en lo que se refiere a determinar cuáles son las pasiones que Dios ha puesto en cada uno de nosotros: «¿Qué te hace llorar o dar un puñetazo sobre la mesa?». En otras palabras, ¿qué te hace sentir triste? ¿O qué te hace enojar? A menudo la tristeza sobrenatural y la justa indignación revelan cuáles son esas pasiones que Dios ha puesto en nosotros. Como en el caso de Nehemías, si algo te hace llorar y lamentarte, y ayunar y orar durante días, esto es una buena indicación de que Dios quiere que te responsabilices personalmente y actúes al respecto. Todo lo que sea menos que eso, o no sea eso, es una responsabilidad irresponsable.

En ese caso, ¿qué te hace llorar? ¿Qué hace que pegues un puñetazo en la mesa? Y permíteme añadir una pregunta más a esta combinación: ¿Qué te hace sonreír? Si quieres descubrir las pasiones que Dios ha puesto en ti, entonces necesitas identificar lo que te pone triste, enojado y gozoso. Y en algún lugar de esa tristeza, de ese enojo o de ese gozo, encontrarás al Ave Salvaje esperando por ti.

Es frecuente que las pasiones que Dios pone en nosotros nos quebranten el corazón. Y nos pueden parecer unas cargas abrumadoras que no somos capaces de llevar. Sin embargo, seguir esas pasiones es la clave para tener una vida fructífera en la que nos sintamos realizados. Es lo que nos despierta a primera hora de la mañana y nos mantiene despiertos hasta altas horas de la noche. Es lo que convierte una carrera en un llamado. Es lo que nos pone la carne de gallina... o tal vez deberíamos decir de Ave Salvaje. Y no hay nada que te pueda producir un gozo mayor.

Frederick Buechner escribió en una ocasión: «La voz que más debemos escuchar al escoger una vocación es la que tal vez pensemos que menos deberíamos escuchar, y es la voz de nuestro propio gozo. ¿Qué podemos hacer que nos dé el mayor de los gozos? Yo creo que si es algo que nos da un gozo auténtico, entonces es una buena cosa, y es para nosotros»[5].

Hace algunos siglos, en la iglesia había quienes hacían la pregunta: «¿Sentiste placer al hacerlo?», para de esta manera determinar si algo era pecaminoso. Si daba placer, tenía que ser incorrecto. ¡Qué principio tan terrible! Ni Dios mismo podría aprobar un examen así. La primera reacción suya que recogen las Escrituras es el deleite que sintió ante su obra. El libro de Génesis dice siete veces: «Y Dios consideró que esto era bueno» (Génesis 1). Es evidente que Dios disfruta de su trabajo como Creador (si es que se le puede considerar un trabajo).

Hay una conexión entre la bondad y la satisfacción cuando estamos siguiendo las pasiones que Dios nos pone en el corazón. Dios quiere que nos deleitemos en lo que hacemos.

Todos conocemos personas que son sumamente exitosas, y también sumamente infelices, o hemos oído hablar de ellas. Yo les doy el nombre de «fracasados con éxito». Han apoyado su escalera en la muralla equivocada. Nehemías habría podido ascender hasta lo más alto de la escalera del poder en Babilonia, pero al llegar arriba se habría sentido desilusionado, porque su escalera no habría estado apoyada en las murallas de Jerusalén. Subir por la escalera equivocada es triunfar en algo en lo que no tenemos por qué triunfar. Claro, es posible que te hagas de algún dinero, o que obtengas tus quince minutos de fama. Pero, ¿qué consigues con eso? Yo preferiría fracasar en algo que amo, a tener éxito en algo que no disfruto.

EL MOMENTO DE LA CONCEPCIÓN

«¿Qué quieres que haga?». Esta fue la pregunta que el rey le hizo a Nehemías (Nehemías 2.4). Y va directo al corazón mismo de la pasión. Estoy convencido de que muchos de nuestros problemas son productos secundarios del hecho de que la mayoría de nosotros no sabemos cómo responder a esa pregunta. No sabemos lo que queremos. Nunca hemos definido nuestras metas, nuestros valores o nuestras pasiones, de manera que estamos desconectados de lo que realmente desea nuestro corazón. Y nuestras responsabilidades, cada vez mayores en número, nos han insensibilizado en cuanto a las posibilidades que nos rodean y las pasiones que llevamos dentro. Pero eso no sucedió con Nehemías. Él sabía con exactitud lo que quería. En su espíritu había sido concebida una pasión. Y él había estado pensando y orando acerca de ella durante varios meses cuando el rey le hizo la pregunta.

Aquel fue su momento de la verdad. Nehemías tenía que decidir entre una responsabilidad humana y una oportunidad dispuesta por Dios. Y decidió salir de la jaula para darse a la caza del Ave Salvaje... Así comenzó su aventura. «Encomendándome al Dios del cielo», afirmaba, «le respondí: —Si a Su Majestad le parece bien, y si este siervo suyo es digno de su favor, le ruego que me envíe a Judá para reedificar la ciudad donde están los sepulcros de mis padres» (Nehemías 2.4, 5). Fue entonces cuando la pasión que había sido concebida dentro de Nehemías comenzó a crecer.

Hay pocas cosas tan milagrosas como el momento de la concepción del ser humano. Un espermatozoide penetra en un óvulo, y todos los datos genéticos que determinan quién vas a llegar a ser —todo, desde los rasgos faciales hasta la personalidad— quedan codificados dentro de esa primera célula que se forma de la unión de ambos. Y así comienza un proceso de gestación que dura nueve meses. El cuerpo de la madre empieza a producir hormonas aun antes de ella saber que está embarazada. El corazón del bebé comienza a latir en el día veintidós. A las cuatro semanas, esa primera célula se ha multiplicado y crecido hasta hacerse diez mil veces mayor. Y alrededor del día cuarenta y dos, las neuronas se comienzan a multiplicar a la asombrosa velocidad de unas diez mil por segundo. Todo, desde el nervio óptico hasta la corteza auditiva y el sistema respiratorio, se forma en el útero materno. ¡Eso sí es un milagro!

Algunas veces me pongo a fantasear despierto acerca de lo que llegarán a ser mis hijos. ¿Cómo se desarrollará la personalidad de cada uno de ellos? ¿Qué pasiones seguirán? ¿Qué clase de legado dejarán? Todo lo que sé es esto: ¡Creo que Dios hará grandes cosas en ellos! Todos los padres y las madres debemos creer esto. Es natural y normal que soñemos acerca de lo que nuestros hijos llegarán a ser. Sin embargo, lo que más me asombra es que haya tanto de lo que ellos finalmente terminan siendo, que se puede rastrear de vuelta al momento de la concepción. Nuestro destino, en una gran cantidad de sentidos, está escrito en el microscópico código de nuestro ADN.

Entonces, ¿qué tiene que ver esto con la búsqueda de lo que nos apasiona? Las pasiones son concebidas de una manera muy parecida. Con frecuencia, la caza del Ave Salvaje comienza por unos anhelos de una sola célula. Hay algo inexplicable e inefable que es concebido en nuestro espíritu. Algo que nos hace enojar, o nos hace entristecer, o nos da gozo. Se nos pone la carne… de Ave Salvaje.

En palabras de un salmista: «Deléitate en el Señor, y él te concederá los deseos de tu corazón» (Salmo 37.4). Cuando nosotros nos deleitamos en el Señor, en nuestro interior son concebidos nuevos deseos. Dios literalmente descarga en nosotros esos nuevos deseos. Y esos deseos de origen divino se convierten en una especie de brújula interna que nos guía cuando nos embarcamos tras el rastro del Ave Salvaje.

Lo que me parece emocionante es que nunca sabemos cómo va a ser concebida una pasión dispuesta por Dios. Puede pasar durante una conversación informal o un viaje misionero. Algunas veces pasa mientras estamos en una clase o leyendo un libro. El catalizador puede ser incluso un fallecimiento o un divorcio.

En el caso de Nehemías, fue la noticia que le dieron. Simplemente, preguntó cómo andaban las cosas por Jerusalén, y la respuesta de su hermano cambió la trayectoria de su vida. La pasión por reconstruir las murallas de Jerusalén fue concebida en su espíritu. Y a su concepción siguió un período de gestación. Nehemías ayunó y oró hasta que la pasión estuvo totalmente desarrollada.

Si nunca has identificado las pasiones que Dios tiene dispuestas para ti, te voy a dar unos cuantos consejos sencillos. Comienza por orar. La oración nos hace espiritualmente fértiles. Y mientras más oremos, más apasionados nos volveremos. Nuestras convicciones se van haciendo más fuertes, y nuestros sueños se van haciendo más grandes.

No es una simple coincidencia el que Nehemías mencione la oración ocho veces en sus memorias. Él oraba como si todo dependiera de Dios, y esto constituye la mitad de lo que es seguir a nuestras pasiones. La otra mitad consiste en trabajar como si todo dependiera de nosotros. O tal vez lo debería decir de esta manera: Necesitas empezar a orar… y después debes dejar de orar para comenzar a actuar.

LA HORA DE DEJAR
DE ORAR

Hace varios años, yo formaba parte de un pequeño grupo con un amigo que estaba trabajando con InterVarsity Christian Fellowship en la Universidad de Georgetown. Cuando compartimos peticiones de oración al final de una de nuestras reuniones, mi amigo dijo que su ministerio necesitaba una computadora, y yo le respondí que oraría por él. Comencé a orar para que Dios le proporcionara una computadora, y entonces sentí que Dios me estaba interrumpiendo. Es difícil describir el tono en que oí hablar a Dios. Aunque seguía siendo bondadoso, era grave. Era como si el Espíritu Santo le estuviera susurrando a mi espíritu estas palabras: *¿Por qué me lo estás pidiendo a mí? ¡Tú eres el que tienes una computadora extra!*

Así que dejé de orar en medio de la frase que estaba diciendo y decidí actuar. Le dije a mi amigo que tenía una computadora que le quería dar. Y así, me convertí en la respuesta a mi propia oración. ¿Por qué pedirle a Dios que haga algo por nosotros, cuando está dentro de nuestras posibilidades el hacerlo nosotros mismos?

Hay algunas cosas por las que *no* tenemos necesidad de orar. No necesitamos orar en cuanto a si debemos amar a nuestro prójimo. No tenemos que orar en cuanto a si debemos dar con generosidad y sacrificarnos para servir. No necesitamos orar en cuanto a si debemos bendecir a alguien cuando hacerlo se halla dentro de nuestras posibilidades. Dios ya ha hablado. Lo que nosotros necesitamos hacer es dejar de orar y comenzar a actuar.

Llenar la solicitud.

Hacer la llamada.

Cargar el camión de la mudanza.

Hacer el cheque.

Concertar la cita.

Tener la conversación.

Dar el paso.

El enfoque de las Escrituras orientado a la acción que propone Peter Marshall, antiguo capellán del Senado de los Estados Unidos, ha sido un verdadero reto para mí.

Me pregunto qué sucedería si todos acordáramos leer uno de los evangelios hasta llegar a un lugar que nos dijera que hiciéramos algo, y entonces saliéramos a hacerlo, y solo después de haberlo hecho, comenzáramos a leer de nuevo. Hay aspectos del evangelio que son desconcertantes y difíciles de comprender. Sin embargo, nuestros problemas no se centran en las cosas que no comprendemos, sino más bien en las que sí comprendemos; las cosas que nos sería imposible comprender de una manera equivocada. Nuestro problema no es tanto que no sepamos lo que debemos hacer. Lo sabemos perfectamente bien, pero no lo queremos hacer[6].

Te ruego que no malentiendas lo que te estoy tratando de decir. Ora con respecto a todo. Y después, ora más aun. Pero en algún momento, necesitas dejar de orar para empezar a actuar.

Uno de los grandes errores que cometemos es pedirle a Dios que haga por nosotros lo que quiere que nosotros hagamos por Él. Confundimos responsabilidades. Por ejemplo, tratamos de crear convicción de pecado en la gente que nos rodea. Sin embargo, esa responsabilidad no nos corresponde a nosotros, sino al Espíritu Santo. Y cuando jugamos a representar el papel de Dios, no solo lo hacemos muy pobremente, sino que siempre nos resulta contraproducente. En el mismo sentido, Dios no va a hacer por nosotros lo que podemos hacer nosotros mismos.

Y aquí es donde hay muchos de nosotros que nos estancamos espiritualmente.

Hace poco recibí un correo electrónico de una miembro de la NCC llamada Becky, que ha perseguido una pasión que Dios ha puesto en ella, la cual la ha llevado al otro extremo del planeta.

Fui a la India para trabajar con las mujeres y los niños que eran víctimas del tráfico de esclavos sexuales. La mayoría de las mujeres eran de Nepal, y terminaban trabajando como prostitutas a la fuerza en los infames distritos rojos de la India. Sus hijos nacían literalmente en los burdeles y todo lo que sabían de la vida era violencia, violaciones sexuales y hambre. Aunque no pude rescatar a las mujeres de su situación, sí les pude ofrecer esperanza y fortaleza a las sobrevivientes y a sus hijos. Dirigí sesiones de terapia por medio de la danza, ayudando a restablecer la conexión entre las supervivientes y sus cuerpos, y permitiendo que se vieran a sí mismas como hermosas criaturas de Dios.

La zona donde estábamos trabajando era devastadoramente pobre e infestada de malaria. Como activista contra el tráfico humano, corría peligro por parte de los traficantes y de los dueños de los burdeles. Por eso mis padres me suplicaron que me marchara de allí. Pero yo no me podía alejar de aquel lugar. Veía a Dios en los ojos inyectados de sangre, traumatizados, pero bellos de cada una de ellas, y me suplicaban que las tocara, las consolara, las abrazara, y que les diera amor.

Si los cristianos creemos que Dios está en cada ser humano, ¿por qué no actuamos en consecuencia? ¿Por qué apartamos la vista ante los pobres, las viudas, los huérfanos y las prostitutas? Aunque la oración es necesaria y nos ayuda a consolar a otros, no es suficiente para aliviar de verdad el sufrimiento. Dios no envió a su Hijo a orar por nosotros, sino a actuar por nosotros. Lo único que me incomoda más que la maldad abierta y descarada son las personas que permiten con su falta de acción que sucedan estas injusticias. Jesús transformó en acción el mensaje de Dios, y nuestra misión debería consistir en dedicar nuestra vida a una acción similar.

Cuando la palabra *cristianismo* se convierte en un simple sustantivo, se convierte también en un desencanto. El *cristianismo* siempre estuvo destinado a parecerse más a un verbo. Y más concretamente, un verbo activo. El título del libro de los Hechos lo dice todo, ¿no es cierto? No es el libro de las *Ideas,* las *Teorías* ni las *Palabras.* Es el libro de los Hechos. Si la iglesia del siglo veintiuno hablara menos e hiciera más, tal vez haríamos la misma clase de impacto que hizo la iglesia del siglo primero.

Hay quienes viven como si estuvieran esperando que Dios les dijera: «¡Bien *pensado,* siervo bueno y fiel!», o «¡Bien *dicho,* siervo bueno y fiel!». Pero Dios no nos va a decir ninguna de esas cosas. Solo hay un elogio posible, y es consecuencia de seguir las pasiones que Dios ha puesto en nosotros: «¡*Hiciste* bien, siervo bueno y fiel!» (Mateo 25.23).

PIES MOJADOS

Hace poco desayuné con Paul, un amigo que trabaja para la Asociación Willow Creek, con base en la zona de Chicago. Paul estaba en Washington para asistir al desayuno anual de oración en la Casa Blanca, y yo le pregunté cómo fue que lo invitaron. De acuerdo, lo admito. ¡Estaba un poco celoso!

Él me dijo que sentía que necesitaba estar en aquel desayuno de oración, pero no estaba seguro en cuanto a la razón o la manera de lograr que lo invitaran. No estaba tratando de manipular ni fabricar nada; simplemente sentía que Dios lo quería allí.

Resultó que uno de sus conocidos tenía conexiones en la Casa Blanca, así que este le pidió a un amigo que lo incluyera en la lista de invitados. Su conexión le dijo que haría lo posible, pero que se trataba de una lista muy limitada. Paul le hablaba a su amigo cada vez que pasaban varias semanas: seis semanas, cuatro, dos, dos días. ¡Nada!

El día antes de la reunión, iba a revisar su correo electrónico cada cinco minutos. No llegaba invitación alguna. Pero no se podía librar de la inexplicable impresión de que necesitaba estar allí. Así que ese día, a las cuatro y media de la tarde, llamó a una línea aérea para ver si podía conseguir un billete de última hora. Había un viaje más con un asiento libre que salía del Aeropuerto Internacional O'Hare a las siete y media de la noche. Así que Paul llamó a su esposa y le dijo: «Convénceme para que no vaya». Y ella no lo hizo. De hecho, lo que hizo fue prepararle la maleta e irse a encontrar con él al aeropuerto para entregársela. Aquello parecía la caza del Ave Salvaje: subir a un avión sin tener invitación. Sin embargo, eso es exactamente lo que Paul hizo.

Cuando aterrizó en el DC, buscó un hotel que tuviera Wi-Fi, y de inmediato fue a revisar su correo electrónico. El correo con la invitación nunca llegó, así que se subió a un vuelo de regreso a Chicago a la mañana siguiente y decidió no volver a hacer nunca más nada parecido.

Nada de eso, estoy bromeando. Así es como habrían podido acabar las cosas, pero no fue eso lo que sucedió.

Mientras iba volando rumbo al DC, Paul recibió una invitación, que le estaba esperando en el buzón de su correo electrónico cuando aterrizó. Y entonces se dio cuenta de que si no hubiera tomado el último vuelo de la noche, nunca habría podido llegar al desayuno de oración, porque los vuelos que salían de Chicago a primera hora de la mañana habrían llegado demasiado tarde para estar a tiempo en el desayuno.

Ahora, el resto de la historia. En la mañana anterior al desayuno, Paul usó el inapropiado método de estudio bíblico que consiste en abrir la Biblia y comenzar a leer dondequiera que caiga. Yo no recomiendo ese método como una manera de hacer continuamente los estudios bíblicos, pero algunas veces obra de maneras extrañas y misteriosas. En fin, el dedo de Paul fue a caer a la parte del libro de Josué donde los israelitas están a punto de entrar en la Tierra Prometida y Dios les dice a los sacerdotes por medio de Josué que den unos cuantos pasos hacia dentro del río (Josué 3.9–13).

Siempre me he sentido intrigado ante esa orden, porque si yo fuera uno de los sacerdotes, estaría pensando lo opuesto. *Señor, ¿por qué no abres tú las aguas, y entonces yo entro al río? De esa manera, no se me mojarían los pies.* Pero me parece que aquello era una prueba espiritual. Creo que Dios quería ver si los sacerdotes tenían fe suficiente para mojarse los pies. Y si ellos estaban dispuestos a dar ese primer paso de fe, entonces Él abriría de manera milagrosa el río Jordán.

A las cuatro y media de la tarde, Paul recordó el pasaje que había leído aquella mañana, y sintió que Dios le estaba diciendo que entrara al río y se mojara los pies, comprando un billete de avión para el DC. Y el resto es la historia de lo que hizo Dios.

El discernimiento de la voluntad de Dios no es precisamente una ciencia exacta. Yo no tengo ninguna fórmula de siete pasos que darte. Y quiero que sepas que no la he sabido discernir más de una vez. Pero sí sé que Dios usa una combinación entre el Espíritu Santo y las Santas Escrituras para guiarnos. Si nosotros abrimos su Palabra, Él abre la boca y nos habla a través de ella. Y cuando la Palabra de Dios es concebida en nuestro espíritu, tenemos que actuar de acuerdo con ella. Necesitamos dejar de orar para ir a mojarnos los pies.

¿Sabes por qué hay algunos de nosotros que nunca hemos visto a Dios abrir un río? Porque todavía tenemos los pies firmemente plantados en tierra seca. ¡Estamos esperando por Dios, mientras Dios está esperando por nosotros!

LAS SEÑALES QUE ACOMPAÑAN

La mayoría de nosotros queremos que Dios nos proporcione señales milagrosas *antes* que salgamos de la jaula. Queremos que Dios abra el río antes que nosotros nos mojemos los pies. ¿Por qué? ¡Porque así nuestra fe no necesita de fe alguna! No me malentiendas. Algunas veces, Dios nos da una señal milagrosa que nos proporciona la fe suficiente para dar el primer paso en el seguimiento de nuestra pasión. Pero es más frecuente que no sea la fe la que siga a las señales, sino *las señales las que sigan* a la fe. Es el esquema bíblico.

El Evangelio de Marcos termina de esta forma: «Los discípulos salieron y predicaron por todas partes, y el Señor los ayudaba en la obra y confirmaba su palabra con las señales que la acompañaban» (Marcos 16.20). Si estás decidido a lanzarte a la caza del Ave Salvaje, necesitas entender bien el sentido de las últimas palabras de Marcos: «las señales que la acompañaban».

En mi experiencia personal, las señales siguen a las decisiones. La forma en que superamos la inercia espiritual y producimos un impulso espiritual, es tomando decisiones difíciles. Y mientras más difícil es la decisión, más posibilidad tendrá de crear impulso. La razón principal por la que la mayoría de nosotros no vemos moverse a Dios es sencillamente porque nosotros no nos estamos moviendo. Si quieres ver moverse a Dios, necesitas moverte tú.

Aprendí esta lección de una forma dramática durante nuestro primer año en la National Community Church. Habíamos estado orando durante meses para que un baterista se uniera a nuestro equipo de adoración, pero yo sentí que necesitaba poner a caminar mi fe, así que salí y compré una batería que me costó cuatrocientos dólares. Era un momento al estilo de la película *Campo de sueños:* si la compras, ellos vendrán. Compré la batería un jueves. Nuestro primer baterista se presentó el domingo siguiente. Y era bueno. En realidad, formaba parte del Cuerpo de Tambores y Trompetas de la Marina de los Estados Unidos.

¡Vaya si tuvimos tambores!

No te puedo prometer que las señales sigan a tu fe al cabo de tres minutos, tres horas o tres días. Pero cuando tú das un paso de fe, las señales seguirán. Dios santificará tus expectativas y comenzarás a llevar una vida llena de santa expectación. Te va a costar trabajo esperar para ver lo próximo que va a hacer Dios.

Nehemías no esperó ninguna señal. Tuvo la valentía de poner en peligro su empleo. Y cuando lo hizo, Dios confirmó su pasión con las señales que le siguieron. El rey no solo le escribió una excelente carta de presentación, sino que le dio un cheque en blanco.

Entonces añadí: —Si a Su Majestad le parece bien, le ruego que envíe cartas a los gobernadores del oeste del río Eufrates para que me den vía libre y yo pueda llegar a Judá; y por favor ordene a su guardabosques Asaf que me dé madera para reparar las puertas de la ciudadela del templo, la muralla de la ciudad y la casa donde he de vivir.

El rey accedió a mi petición, porque Dios estaba actuando a mi favor. Cuando me presenté ante los gobernadores del oeste del río Eufrates, les entregué las cartas del rey. Además el rey había ordenado que me escoltaran su caballería y sus capitanes.

— Nehemías 2.7–9

En la vida hay momentos en los cuales nuestras pasiones y los propósitos de Dios convergen en algo que yo llamo *sincronización sobrenatural*. Esos son los momentos en los que nos sentimos vivos. Son los momentos en los cuales la soberanía de Dios eclipsa nuestras incompetencias. Y son los momentos en los cuales nuestro éxito solo se le puede atribuir a una cosa: el favor de Dios. Él hace por nosotros algo que nosotros nunca habríamos podido hacer por nosotros mismos.

Aquel fue uno de esos momentos para Nehemías. Por supuesto, él había estado pensando seriamente su estrategia. Sabía con exactitud lo que debía pedir, ¿no es cierto? Pero las huellas dactilares de Dios aparecieron por todas partes en esa situación. El rey no se limitó a darle autorización para que reconstruyera la muralla. No se limitó tampoco a darle cartas de presentación y recursos. Envió con él a su ejército. Y todo se remontaba a esto: Nehemías había orado para pedir el favor de Dios, y Él se lo había otorgado.

Yo oro para pedirle a Dios su favor todo el tiempo. De hecho, oro para pedir su favor, más que por ninguna otra cosa. Oro para que mis hijos gocen de su favor. Oro para que el favor de Dios esté en mi propia vida. Y oro por el favor de Dios para la National Community Church. Y es el favor de Dios el que me da un sentido de destino. Sé que Él puede intervenir en cualquier momento, y convertirlo en un momento definidor. Eso es lo que sucedió el 12 de agosto de 2001.

En nuestros cinco primeros años, el crecimiento de la National Community Church no fue fácil. Entonces, en esa fecha de agosto, el *Washington Post* publicó un artículo sobre la NCC. Yo pensaba que lo iban a sepultar en medio de la sección de religión, pero terminó saliendo en la primera plana de la edición del domingo. En las semanas siguientes, fueron centenares los que nos visitaban por vez primera, y tuvimos nuestro primer impulso exponencial de crecimiento.

Escucha: cualquiera de nosotros puede salir en un noticiero. Basta con que hagas algo estúpido. Pero la buena prensa es el favor de Dios. Y estoy convencido de que Dios hizo por nuestra iglesia algo que nosotros nunca habríamos podido hacer por nosotros mismos. Ese artículo nos hizo notorios en la zona del DC.

¿Te puedo hablar de un anhelo creciente que hay en mi vida? No quiero hacer cosas que yo soy capaz de hacer. ¿Por qué? Porque entonces me puedo atribuir a mí mismo el mérito por ellas. Quiero ver a Dios hacer cosas en mí y por medio de mí, y que sean cosas que soy totalmente incapaz de hacer, de manera que me sea imposible atribuirme mérito alguno por ellas.

EL MEJOR DE LOS COPEROS

Cada semana tengo el privilegio de predicarles a miles de individuos, en persona y por medio de podcasts, y estoy agradecido por la oportunidad de poder influir en sus vidas. Pero déjame decirte cómo comenzó todo. Cuando Dios concibió en mí la pasión por la predicación, comencé a hablar en refugios para personas sin hogar y en asilos de ancianos. Yo era el Juan Wesley del circuito de los asilos. Y aquello no tenía nada de encantador. Durante uno de mis sermones en un asilo de ancianos, una anciana octogenaria que sufría de demencia senil se puso de pie en medio de mi mensaje, y comenzó a quitarse la ropa, mientras gritaba con todas sus fuerzas: «¡Sáquenlo de aquí! ¡Sáquenlo de aquí!». Después de una cosa como esa, no hay nada que lo desconcierte a uno.

Mientras estaba comenzando mis estudios universitarios, concurría a una iglesia que tenía un promedio de asistencia de doce personas. Pero allí fue donde aprendí a predicar. Dicho sea de paso, aquella iglesia solo tenía siete bancas. Muchas veces me preguntaba cuál sería la visión de la persona que construyó aquella iglesia. ¡Vaya visión! *Algún día, tal vez este lugar se llene tanto, que las siete bancas estén repletas.* ¡Por supuesto, mis primeros sermones no ayudaron mucho a la causa!

Sé que ahora estoy tomando a la ligera aquellas oportunidades, pero en aquellos días en que las aproveché, las tomaba tan en serio como el pecado mismo. Me preparaba para cada uno de aquellos mensajes como si fuera el más importante de todos los que predicaría en mi vida. Y lo hacía porque creía que si yo era fiel en lo poco, Dios me daría cosas mayores que hacer. Si les sacaba el mejor partido posible a aquellas oportunidades del tamaño de un grano de mostaza, Dios ampliaría mi esfera de influencia.

Tal vez tú te sientas un poco como se sentía Nehemías. Tu pasión es Jerusalén, pero estás atascado en Babilonia, a mil seiscientos kilómetros de Jerusalén en dirección este. No tienes idea de cómo llegar desde donde estás hasta donde quieres estar. No te gusta tu trabajo. No te gusta tu jefe. O no te gustan las perspectivas de futuro. Y tu espíritu ha perdido toda su pasión.

A mí me encanta pastorear y escribir, pero ciertamente, no quiero dar la impresión de que todas las mañanas pego un salto para salir de la cama, listo para conquistar al mundo. Que conste que por lo general aprieto dos o tres veces el botón que me permite seguir dormitando un poco. Con frecuencia me despierto con la espalda adolorida. Y lo primero que hago todos los días es sacar a nuestro perro a dar una caminata y recoger sus desperdicios. No hay nada de glorioso ni de encantador en ninguna de estas cosas.

Y a lo largo de los años, he tenido una gran cantidad de trabajos que no han sido más que sueldos. Mi primer trabajo cuando estaba en la escuela secundaria fue en una gasolinera. Detestaba llevar puesto aquel feo uniforme de color castaño, en especial cuando llegaban mis amigos a la gasolinera. Durante mis primeros años de universidad, un verano trabajé cavando zanjas, lo cual podría explicar los dolores de espalda. Y cuando comencé a pastorear la NCC, tuve que tener dos trabajos, solo para poder cubrir todos los gastos de la casa.

Me da la impresión de que todos nosotros hemos estado estancados en Babilonia. Entonces, ¿qué hacer cuando estamos en situaciones o temporadas como estas? He aquí el mejor consejo que te puedo dar: *Sé el mejor copero que puedas ser.* Ahí es donde comienza la aventura.

No lloriquees. No te quejes. Y no te vayas. Sácale el mejor partido posible a la situación. Haz las cosas pequeñas como si fueran grandes. Mantén una buena actitud. Y cumple fielmente con tus obligaciones del presente. Si tu trabajo no es emocionante, entonces ponle algo de emoción. Uno de los mayores actos de adoración consiste en mantener una buena actitud en medio de una mala situación. Y hacer un buen trabajo en un mal trabajo es algo que honra a Dios. También abre puertas de oportunidad para el futuro. Así sucedió con Nehemías.

A partir de lo que nos dice la Biblia, pienso que es justo dar por sentado que Nehemías tenía una actitud positiva. Llevaba energía positiva a su trabajo, día tras día. ¿Cómo lo sé? Porque el rey notó un cambio en su rostro. Su actitud de todos los días fue la que le permitió aprovechar la oportunidad de su vida. «Al ofrecerle vino al rey, como él nunca antes me había visto triste, me preguntó: —¿Por qué estás triste? No me parece que estés enfermo, así que debe haber algo que te está causando dolor» (Nehemías 2.1–2).

Nehemías tenía un trabajo común: probar la comida, atender a la mesa y lavar la vajilla. Pero hizo lo mejor que pudo con lo que tenía donde estaba. En mi manera de pensar, eso es triunfar. Nehemías ya había triunfado mucho antes de reconstruir la muralla de Jerusalén. Y he hallado que si uno es fiel en Babilonia, Dios a menudo nos bendecirá a mil seiscientos kilómetros de distancia.

«BÚSCATE TU PROPIA CALCUTA»

En cierto sentido, Nehemías parece haber triunfado de un día para otro. Reconstruyó las murallas de Jerusalén en solo cincuenta y dos días. Pero había interiorizado su pasión meses antes de expresarla verbalmente[7]. El viaje a Jerusalén le debe haber tomado varios meses. Y a lo largo del camino sufrió una considerable oposición de parte de un par de antiguos maleantes llamados Sambalat y Tobías.

A veces, cuando leemos los relatos sobre los personajes bíblicos, subestimamos el tiempo que necesitaron para hacer lo que realizaron. Y subestimamos lo difícil que les fue realizarlo. Nosotros podemos leer sus historias en cuestión de minutos, así que tenemos la tendencia de pasar por alto el hecho de que, en la mayoría de las situaciones, o no persiguieron, o no realizaron sus pasiones durante muchos años. Según lo que yo he experimentado, el Ave Salvaje no se toma atajos. A Él le encanta guiarnos por el camino que tiene los mejores paisajes, porque allí es donde aprendemos nuestras lecciones más valiosas.

No estoy seguro en cuanto a cuál es el punto en que te encuentras en tu caza del Ave Salvaje. Tal vez te sientas atrapado en un trabajo que parece un callejón sin salida. Es posible que tus pasiones hayan quedado sepultadas bajo tus responsabilidades. O quizá sientas que si cambias de especialidad ahora, vas a desperdiciar demasiados créditos. No sé qué es lo que te impide seguir las pasiones que Dios ha puesto en ti, pero sí sé que si tienes la valentía de salir de la jaula, tu vida va a quedar transformada.

Agnes Gonxha Bojaxhiu se sintió llamada al ministerio cuando era adolescente. Hizo su entrenamiento ministerial en Irlanda y en la India. Y un día se acercó a sus superiores con una pasión que Dios había puesto en ella. Les dijo: «Tengo tres centavos y un sueño dado por Dios para edificar un orfanato».

Sus superiores le dijeron: «Con tres centavos no se puede construir un orfanato. Con tres centavos no se puede hacer nada».

Agnes sonrió y dijo: «Lo sé. Pero con Dios y tres centavos lo puedo hacer todo»[8].

Durante cincuenta años, Agnes trabajó entre los pobres en los suburbios de Calcuta, en la India. En 1979, la mujer que conocemos como la Madre Teresa ganó el Premio Nobel de la Paz. Como sabrás, hay un largo camino desde los tres centavos hasta un Premio Nobel de la Paz. Y mi pregunta es: ¿Cómo pudo hacer tanto una mujer con tan poco? La respuesta es simple. Nunca subestimes a alguien que tenga la valentía de salirse de su jaula para perseguir una pasión que Dios ha puesto en su corazón.

Hacia el final de su ministerio, los admiradores de la Madre Teresa le preguntaban con frecuencia cómo podían marcar una diferencia con su vida, de la misma manera que ella había hecho con la suya. La respuesta que la Madre Teresa repetía con gran frecuencia era la misma, y solo tenía cuatro palabras: «Búscate tu propia Calcuta».

Ahora, permíteme acercarme un poco más a donde estamos, porque Calcuta parece estar a medio mundo de distancia.

Hace unos años oficié en el funeral de Jayona, un miembro de la NCC que pertenecía al personal del Senado. Jayona nunca tuvo un puesto poderoso. Era asistente administrativa y tenía a su cargo la correspondencia de los electores, posición de las más bajas en Capitol Hill. Se había pasado catorce años abriendo cartas. Pero era la mejor encargada de la correspondencia de los votantes que podía ser. Hasta les cosía los botones a sus colegas, y les enseñaba a los aprendices cómo funcionaba todo, además de hornear unas increíbles galletas con trozos de chocolate.

Nunca olvidaré su servicio fúnebre. Se celebró en la Sala de Reunión Electoral del Edificio de oficinas Russell del Senado. En esa sala han estado algunas de las personas más importantes que han asistido allí a algunas de las vistas más importantes de la historia de nuestra nación. El servicio estaba repleto de gente que llegaba para presentar sus respetos, y yo tuve la oportunidad de decirles que Jayona habría querido que ellos tuvieran lo que ella tenía: una relación personal con Jesucristo. Me parece que una gran cantidad de colegas y unos pocos miembros del Congreso escucharon una clara presentación del evangelio ese día por vez primera en su vida. Y todo lo preparó una mujer que encontró su Calcuta en Capitol Hill.

No necesitas riqueza, posición social ni poder para marcar la diferencia. Solo necesitas hacer lo más que puedas con lo que tienes allí mismo donde estás. Y si eres fiel en Babilonia, Dios te bendecirá en Jerusalén.

¡Sé el mejor copero que puedas ser!

Eso es la irresponsabilidad responsable. Eso es perseguir una pasión.

TU CAZA

- ¿Cuál de las dos definiciones siguientes te describe mejor: irresponsablemente responsable o responsablemente irresponsable? ¿Por qué?
- ¿Qué te hace sentir triste, enojado o lleno de gozo? En otras palabras, ¿cuáles son las pasiones que Dios ha puesto en ti?
- ¿Acerca de qué has estado orando últimamente, pero Dios quiere que dejes de orar por ese asunto? Y, ¿qué quiere Dios que hagas en lugar de orar?
- Dios les pidió a los sacerdotes que llevaban el arca que se metieran en el río antes que Él lo abriera. ¿En qué sentido necesitas mojarte los pies para perseguir las pasiones que Dios ha puesto en ti?
- ¿Cuáles son las cosas pequeñas que necesitas estar haciendo ahora, y que te van a preparar para las grandes cosas que Dios quiere que hagas en el futuro?

CAPÍTULO 3

LA DICTADURA DE LO COMÚN Y CORRIENTE

Cómo salir de la jaula de la rutina

La tierra está repleta del cielo, y
todas las zarzas comunes y corrientes
arden con Dios; pero solo el que ve se
quita el calzado; los demás se quedan
sentados arrancando zarzamoras.
—Elizabeth Barrett Browning

En este mismo momento, no tienes sensación de movimiento alguna. Me imagino que estás sentado quieto en un lugar mientras lees *Tras el rastro del Ave Salvaje*. Pero en realidad, estás sentado en un planeta que está girando sobre su eje a unos mil seiscientos kilómetros por hora. El planeta tierra va a efectuar una rotación completa en las próximas veinticuatro horas. No solo eso, sino que también te vas moviendo velozmente por el espacio a unos ciento siete mil kilómetros por hora. ¡Y eso que no tenías grandes planes para hoy! Antes de que termine el día, habrás viajado más de dos millones de kilómetros en tu recorrido anual alrededor del sol.

Ahora, permíteme que te haga una pregunta. ¿Cuándo fue la última vez que le diste gracias a Dios por mantenernos en órbita? Me imagino que no lo hayas hecho nunca. *Señor, gracias por mantenernos en órbita. Y estaba un poco nervioso sobre completar hoy la rotación alrededor de nuestro eje, pero tú lo volviste a hacer.* La mayoría de nosotros no oramos de esa forma. Ahora bien, ¿acaso no es un poco irónico que nos cueste trabajo creer a Dios en las cosas pequeñas, mientras damos por seguras las grandes? Vamos: Si Dios puede mantener en órbita los planetas, ¿no te parece que también puede volver a poner orden en tu vida cuando te parece que está girando fuera de control?

Mantener en órbita los planetas es un milagro perpetuo de proporciones sin paralelo. Entonces, ¿por qué no nos sentimos abrumados de respetuoso asombro ante nuestra órbita anual? ¿Por qué no alabamos sin cesar a Dios por la forma en que gira nuestro globo? La razón es sencilla: *las cosas que son constantes las damos por seguras.* Y ese es el problema con Dios, si me permites expresarlo de esa forma. Dios es la constante máxima. Es incondicionalmente amoroso. Es omnipotentemente poderoso. Y es eternamente fiel. Dios es tan bueno en lo que hace, que tenemos la tendencia a darlo por seguro.

Thomas Carlyle, el ensayista escocés del siglo diecinueve, se imaginó una vez a un hombre que había vivido toda su vida en una cueva, y que al salir fuera de ella por primera vez, presenció una salida de sol. Carlyle dice que el hombre de la caverna observaría con extático asombro algo que nosotros presenciamos todos los días con indiferencia.

En palabras de G. K. Chesterton, «Los adultos no son lo suficientemente fuertes para regocijarse en la monotonía. ¿Es posible que Dios le diga cada mañana al sol: "Hazlo otra vez", y cada tarde a la luna: "Hazlo de nuevo"? La repetición en la naturaleza podría no ser una simple repetición; podría ser una repetición teatral».

Eso parece ser lo que sugiere el Salmo 29:1: «Tributen al Señor, seres celestiales, tributen al Señor la gloria y el poder».

LA CEGUERA POR FALTA DE ATENCIÓN

¿Cuándo fue la última vez que observaste, como acto de adoración, la salida del sol? ¿O un eclipse de luna? ¿O una nevada? Hace algunos años conocí a un estudiante de intercambio procedente de la India que nunca había visto la nieve. Por eso, cuando los meteorólogos dieron la advertencia de que habría una tormenta invernal para la zona del DC, él se sintió lleno de entusiasmo. De hecho, preparó su despertador para las tres de la mañana, porque no se quería perder la caída de los primeros copos de nieve. Salió afuera él solo y se puso a hacer ángeles de nieve en el suelo. Lo divertido es que no llevaba puesto abrigo ni guantes. Según dijo, no se había dado cuenta de que la nieve es fría.

No hay nada como experimentar algo por primera vez. Es inolvidable, ¿no es cierto? El tiempo marcha con tal lentitud que da dar la impresión de que se detiene, por lo que nos volvemos hipersensibles a los estímulos que nos rodean. Esos momentos se quedan grabados en nuestra memoria. Pero entonces, volvemos a la rutina de la vida, y las cataratas de lo habitual nos nublan la visión.

Yo conozco personas que afirman no haber experimentado jamás un milagro. Pero con todo respeto, no estoy de acuerdo. Estamos rodeados de milagros. Se encuentran a nuestro alrededor todo el tiempo. Lo que sucede es que los damos por seguros.

Nuestra mente está conectada de una manera tal que cuando se introduce un nuevo estímulo en nuestro ambiente, nos volvemos intensamente conscientes de él. Sin embargo, con el tiempo nos adaptamos a las vistas, los sonidos y los olores que nos rodean constantemente. Al final, se desvanece esa consciencia y las constantes de nuestro ambiente se vuelven invisibles. Los psicólogos le llaman a ese proceso *ceguera por falta de atención*. Se produce con las salidas del sol. Y con la nieve. Y con la vida en general.

Es muy fácil perder el gozo de vivir, ¿no es así? Hay pocas cosas comparables al gozo que sienten los novios en su día de bodas, pero si se quita el romance de la ecuación, su relación se convierte en una rutina. El nacimiento de un niño es un milagro que inspira asombro y reverencia, pero comienza a cambiar pañales sucios en medio de la noche, y desaparece algo de ese gozo. Y la mayoría de nosotros nos sentiamos gozosos cuando conseguimos nuestro trabajo, pero son demasiadas las personas que terminan viviendo en espera del fin de semana.

Lo que sucede es esto: lo sagrado se vuelve rutina. Y no solo nos perdemos la aventura espiritual, sino que también comenzamos a perder el gozo de nuestra salvación. La manera de recuperarlo es cazar al Ave Salvaje. Pero eso significa salirnos de la jaula de la rutina. Necesitamos cambiar nuestra rutina, correr algunos riesgos y probar cosas nuevas. Y si lo hacemos, veremos que volvemos a tener vida.

Cuando nos mudamos para Washington DC, mi primer trabajo fue dirigir una organización paraeclesiástica. Y aquello era una cómoda rutina. También lo era vivir en un barrio residencial. Pero eso no era lo que Dios tenía para nosotros. Mi caza del Ave Salvaje exigía un riesgo con la forma de la National Community Church. Y para serte perfectamente sincero, al principio, mudarnos a la ciudad significó dejar mi comodidad. Sin embargo, a lo largo de los años he llegado a valorar una dimensión exclusiva de la personalidad del Espíritu Santo. Jesús dijo que Él era el Consolador (Juan 14.16). Él es quien consuela a los afligidos. Pero como buen consejero, también aflige a los que se sienten cómodos. Y yo llegué en mi vida a un punto en el que me sentía incómodo con mi nivel de comodidad.

¿En qué aspecto te has vuelto demasiado cómodo como seguidor de Cristo? ¿Dónde se te ha vuelto la vida demasiado rutinaria? ¿Qué has mirado sin verlo? No sé dónde necesitas que el Espíritu te aflija, pero sí sé esto: si dejas que sea la rutina la que gobierne tu vida, nunca vas a llegar a donde el Ave Salvaje quiere que vayas.

Y aquí hace su entrada Moisés.

LA ZARZA ARDIENTE

Cuidar ovejas. ¿Te puedes imaginar una existencia más rutinaria que esa? Moisés se debe haber sentido como si lo hubieran sacado a pastar. Una vez había soñado con libertar al pueblo de Israel de la cautividad. Pero ese sueño murió cuando mató a un capataz egipcio y tuvo que volverse un fugitivo, huyendo del país. Moisés pasó los cuarenta años siguientes al fondo del desierto cuidando ovejas. Y me da la impresión de que aquella mañana se había levantado, se había puesto las sandalias y recogido la vara, imaginándose que iba a ser un día común y corriente, tal como había sido el día anterior... y el anterior al anterior... y el anterior a ese. Pero uno nunca sabe cuándo o dónde el Ave Salvaje va a invadir la rutina de su vida.

Un día en que Moisés estaba cuidando el rebaño de Jetro, su suegro, que era sacerdote de Madián, llevó las ovejas hasta el otro extremo del desierto y llegó a Horeb, la montaña de Dios. Estando allí, el ángel del Señor se le apareció entre las llamas de una zarza ardiente. Moisés notó que la zarza estaba envuelta en llamas, pero que no se consumía, así que pensó: «¡Qué increíble! Voy a ver por qué no se consume la zarza.» Cuando el Señor vio que Moisés se acercaba a mirar, lo llamó desde la zarza:

—¡Moisés, Moisés!

—Aquí me tienes —respondió.

—No te acerques más —le dijo Dios—. Quítate las sandalias, porque estás pisando tierra santa.

—Éxodo 3.1–5

¿Has experimentado una epifanía, un momento en el cual Dios invadió la monotonía de tu vida de una manera inesperada e inolvidable? Hace algunos años yo iba en un ómnibus de turismo atravesando la Cordillera de los Andes desde Guayaquil hasta Cuenca, en el Ecuador. No podíamos ver las cimas de las montañas porque las nubes las cubrían, pero seguíamos subiendo por el serpenteante camino montañoso. Finalmente atravesamos aquel techo de nubes, y se convirtieron en una alfombra celestial. ¡Qué vista tan maravillosa desde tres mil setecientos metros de altura! Aquella ocasión fue lo más cerca que me he llegado a sentir jamás como si estuviera en el punto más alto del mundo. Y me sentí tan abrumado ante la majestad de aquellos picos montañosos, que comencé a aplaudir. Sencillamente, me parecía que el Creador se merecía un buen aplauso.

Los cristianos celtas se referían a esta clase de momentos —instantes en los que el cielo y la tierra parecen tocarse— como *lugares de claridad*. El mundo natural y el sobrenatural chocan entre sí. La creación se encuentra con el Creador. El pecado se encuentra con la gracia. La rutina se encuentra con el Ave Salvaje.

Aquel fue para Moisés uno de esos momentos, en uno de esos lugares. Dios se le presentó. Y un lugar común —una zarza al fondo de un desierto— se convirtió en tierra santa. Esa parece ser la forma en que obra el Espíritu Santo, ¿no es cierto? Él es predeciblemente impredecible. Le encanta presentarse en lugares salvajes y en momentos también salvajes.

Los eruditos judíos solían debatir por qué Dios se le había aparecido a Moisés en una zarza ardiente. Un trueno o un relámpago habrían sido más impresionantes. ¿Y por qué al fondo del desierto? Así llegaron a la conclusión de que Dios se le apareció a Moisés en una zarza ardiente para demostrarle que no hay lugar alguno donde no esté su presencia; ni siquiera una zarza situada al fondo del desierto. Uno de los nombres que recibe Dios en la literatura rabínica es El Lugar[9]. Dios está aquí, allí y en todas partes. Así, no importa dónde tú estés. Puedes estar sentado en tu automóvil en medio de la hora de mayor tráfico, o trabajando en tu escritorio, o acostado en tu sofá. ¡Dios se puede manifestar en cualquier momento y en cualquier lugar!

Me parece que esta es una de esas historias en las cuales nos evade lo obvio. Aquella tierra santa no era la Tierra Prometida. Estaba allí mismo, donde Moisés estaba de pie. No esperes a adorar a Dios cuando por fin llegues a la Tierra Prometida; tienes que irlo adorando por el camino. *Esta* es la tierra santa. *Este* es el momento santo. Quítate las sandalias.

Cuando tenía diecinueve años, nuestra familia fue de vacaciones a Alexandria, Minnesota, como lo habíamos hecho todos los veranos desde que yo nací. Acababa de terminar mi primer año en la Universidad de Chicago y estaba decidiendo si estudiaba Derecho. Pero no estaba seguro de que eso fuera en realidad lo que yo quería hacer, ni lo que Dios quería que hiciera. De manera que le hice a Dios una pregunta peligrosa: «¿Qué quieres que haga con mi vida?». Dicho sea de paso, lo único que es más peligroso que hacerle esa pregunta, es no hacérsela.

Si le haces a Dios esa pregunta, dispuesto a hacer lo que Él te diga, sea lo que sea, es mejor que te prepares para ver cómo interrumpe la rutina de tu vida. Esa pregunta comenzó lo que yo ahora llamo «mi verano de búsqueda». Y culminó con el último día de vacaciones de verano. Rompí la rutina vacacional de dormir hasta tarde, y me levanté temprano para orar mientras caminaba. Recorrí algunos caminos de tierra y tomé un atajo a través de un pastizal para las vacas, y allí fue donde oí la voz inaudible, pero inconfundible de Dios.

No quiero pintar la escena más dramática de lo que fue en realidad. No hubo coros angélicos. No hubo aviones escribiendo mensajes en el cielo. Pero en mi espíritu, sabía que Dios me estaba llamando a entrar al ministerio a tiempo completo. No conocía los detalles concretos. De hecho, el cuándo, dónde y cómo seguirían siendo un misterio durante varios años. Pero aquel lugar donde pastaban las vacas se convirtió en un «lugar de claridad» para mí.

Hace varios años hice un peregrinaje de vuelta a aquel pastizal y contraté a un fotógrafo para que tomara algunas fotos. Una de ellas se encuentra detrás del escritorio de mi oficina. ¿Por qué? Porque tengo días difíciles, como cualquier otra persona, y necesito una zarza ardiente que me recuerde por qué estoy haciendo lo que hago. Esa fotografía cuelga en la pared de mi oficina como un altar para Dios.

¿Has notado alguna vez con cuánta frecuencia la gente del Antiguo Testamento construía altares? Tal parece como si los estuvieran levantando por todas partes y todo el tiempo. ¿Por qué? Porque tenemos una tendencia natural a recordar lo que deberíamos olvidar, y olvidar lo que deberíamos recordar. Los altares nos ayudan a recordar lo que Dios no quiere que olvidemos. Nos dan un lugar sagrado al cual podemos regresar.

En ese caso, ¿por qué dejamos de levantar altares? Con sinceridad, me pregunto si nuestra vida parece más rutinaria de lo que es en realidad, porque no tenemos altares distribuidos por todo el paisaje. Me pregunto si muchos de nosotros no se sentirán espiritualmente perdidos porque no tenemos monumentos recordatorios que nos ayuden a hallar nuestro camino de regreso a Dios. Necesitamos altares que renueven nuestra fe al recordarnos la fidelidad de Dios. Y de vez en cuando, necesitamos regresar a esos lugares sagrados para arrepentirnos de nuestros pecados, renovar nuestro pacto con Dios y celebrar lo que Él ha hecho.

Me pregunto si Pedro alguna vez no se iría remando hasta aquel lugar del mar de Galilea donde había caminado sobre las aguas. ¿Llevaría Zaqueo alguna vez a sus nietos a subirse de nuevo al sicómoro donde vio a Jesús por primera vez? ¿Visitó Lázaro alguna vez la tumba donde había estado sepultado durante cuatro días? ¿Salió Pablo alguna vez hasta el hito del camino de Damasco donde Dios lo tumbó del caballo? ¿Llevó Abraham alguna vez a Isaac de vuelta al monte Moria, donde Dios les proporcionó un carnero enredado en unos zarzales? Y me pregunto si alguna vez Moisés no regresaría a la zarza ardiente, se quitaría las sandalias y le daría gracias a Dios por interrumpir la rutina de cuarenta años que había en su vida, dándole una segunda oportunidad para marcar una diferencia en la historia.

LA GEOGRAFÍA DE LA ESPÍRÍTUALÍDAD

Me da la impresión de que subestimamos la conexión que existe entre la geografía y la espiritualidad. Y en parte, esto se debe a que adoramos a Dios en edificios hechos por el hombre que nos mantienen aislados de los elementos. Semana tras semana, nos sentamos en la misma banca acolchonada escuchando historias acerca de cómo Jesús calmó el viento y las olas. Los discípulos tuvieron una experiencia totalmente distinta. Ellos estaban en la barca en medio del lago cuando el cielo se oscureció y comenzaron a soplar vientos huracanados (Marcos 4.35–39). Caminaron por playas, subieron montes y anduvieron por lugares desiertos con Jesús. Tuvieron una experiencia tetradimensional, mientras que la nuestra es unidimensional. Por eso cuando leemos la Biblia, tendemos a enfocarnos en la teología, pasando por alto la meteorología, la psicología e incluso la geología que les dan forma a las historias que leemos.

¿Recuerdas cuando Jesús se llevó a Pedro, Jacobo y Juan al monte de la Transfiguración? Nosotros no nos detenemos para nada a pensar en la cuestión de la elevación, ¿cierto? Sin embargo, las Escrituras dicen específicamente que se trataba de un monte *alto* (Marcos 9.2). No era ninguna colina pequeña. ¿Y qué más da? Bueno, esto es lo que yo sé acerca de los montes: mientras más altos son, más difícil es subirlos. Me puedo imaginar a Pedro, Jacobo y Juan agarrándose con pies y manos para poder mantenerse junto a Jesús y ver quién llegaba primero a la cima. Y al final, cuando llegaron a la cima de aquel monte, tenían que estar exhaustos a causa de la subida. Pero si alguna vez has escalado un monte hasta la cima, sabes que la vista que se contempla desde allí vale cuanta energía empleemos en llegar a ella.

Lo que experimentaron Pedro, Jacobo y Juan en aquella montaña cambió para siempre su manera de ver a Jesús. Ciertamente, la transformación por la que pasó Jesús fue el catalizador. Y la aparición de Moisés y Elias los dejó sin habla. Pero, ¿es justo decir que el lugar donde sucedió formaba parte de la ecuación? ¿Subir a un alto monte fue una movida estratégica por parte de Jesús? Yo creo que sí. Cuando Dios quiere que pasemos por un cambio en nuestra manera de ver las cosas, es frecuente que lo haga por medio de un cambio en el paisaje. Por eso, Jesús se llevó a los tres discípulos a un lugar nuevo; un lugar alto, un lugar que estaba muy lejano de la civilización.

Conclusión, que donde estemos geográficamente afecta a donde estamos espiritualmente. Hace algunos años se me ocurrió una sencilla fórmula:

cambio de lugar + cambio de ritmo = cambio de perspectiva

¿Por qué los retiros y los viajes misioneros son unos catalizadores tan poderosos en nuestra vida? En parte, la razón está en el cambio de latitud y de longitud. Los lugares nuevos nos abren a experiencias nuevas. Nos sacan de nuestra rutina y nos ayudan a ver a Dios con ojos nuevos.

Si estás en medio de una depresión espiritual, permíteme que te dé una receta: vete a un viaje misionero[10]. No hay forma mejor ni más segura de salirse de la jaula de la rutina. Es un verdadero «curalotodo».

Recientemente recibí un correo electrónico de Ana Luisa, quien es miembro de la NCC. Ella habría podido cambiar las millas de viaje que se había ganado en su tarjeta de crédito por un agradable viaje al Caribe. Sin embargo, se sintió movida por Dios a usar sus millas para volar a la India y ofrecer sus habilidades como enfermera en una clínica médica. Ana Luisa se pasó un mes en una clínica médica con poco personal y escasez de equipos. Y no solo trató a la gente que estaba allí como lo haría una enfermera, sino que la amó como lo hace una seguidora de Cristo. Una de sus pacientes era una pequeña bebé nacida con espina bífida y parálisis total en ambas piernas.

En muchas partes de la India, los bebés varones son claramente preferidos a las hembras, así que se podrá imaginar lo que sintió la familia cuando supo que su niña había nacido con una incapacidad tan grave. El personal del hospital estaba realmente preocupado de que los padres abandonaran a la niña en medio de la noche, o se la llevaran a su casa para matarla. En los primeros días después de su nacimiento, los padres no la querían tocar, alimentar ni hablarle. La abuela era la única que manifestaba alguna calidez hacia la bebé. De nuevo, usé mis habilidades de aprendiz de enfermera como una excusa para ir a visitar a la bebé todos los días.

Al principio, lo que sentía en aquella habitación donde había unos seis miembros de la familia me hacía sentir con ganas de acobardarme, pero por el poder de Dios, me armé de valor y le pregunté al padre si podía orar por la niña. Me sorprendió que me dijera que sí. Oré en voz alta por la bebé y, a pesar de la barrera del idioma, toda la familia oyó repetidamente el nombre de Jesús. Le hablé a la bebé, la acaricié y le susurré que Jesús la ama. ¡Alrededor del cuarto día, el padre me pidió que le pusiera nombre! ¡Vaya! Después de orar y pensar, escogí el nombre de Gloria. Ellos lo aceptaron, y el padre hasta llegó a decir que era bonito. Hoy sigo orando para pedir un milagro, y estoy emocionada, esperando ver lo que hace el Señor.

No creo en las coincidencias. Creo en la providencia. Creo en un Dios soberano que fija citas divinas a medio mundo de distancia. Él puede usar a cualquiera de nosotros para tocar a cualquier otra persona del mundo. Y si escuchas su susurro y sigues la dirección que te señala el Ave Salvaje, nunca sabrás hacia dónde te llevará. ¡Pero Dios va a escribir su propia historia por medio de tu vida!

Es fácil vivir preocupándonos por nuestras propias cosas, ¿no es cierto? No dudo que tengas tus propios problemas. Lo que sé es que yo tengo los míos. Sin embargo, no hay nada como un viaje misionero para ponerlos en su perspectiva correcta.

EL CUARTO MANDAMIENTO

Si quieres salir de la jaula de la rutina, el cambio de lugar es la mitad de la ecuación. La otra mitad es el cambio de ritmo.

El año pasado descubrí la importancia que tiene mantener un ritmo, cuando corrí mi primer triatlón. Todo mi entrenamiento para la parte de natación que hay en la carrera lo hice en una piscina. Y los tiempos que hice eran fantásticos. Pero el océano Atlántico no es una piscina. Cuando llegó la carrera, yo iba seguro. De manera que en la primera parte de natación, fui a toda velocidad desde la playa hasta la primera boya. Quería estar en el frente del grupo para no tener que avergonzar a los participantes adelantándome a todos ellos. Esa es la clase de personaje que soy.

Bueno, digamos que el océano me comió mi almuerzo. O para ser más exacto, que yo me bebí el océano. Es asombroso lo que le hacen al estómago siete u ocho litros de agua salada. Lora me dijo que parecía un boxeador aturdido cuando por fin regresé a la playa. Estaba tratando de ser bondadosa. Yo había comenzado tan rápido, que no pude respirar bien durante el resto del tiempo que estuve nadando. Me avergüenza decir que terminé nadando de espaldas en lugar del estilo libre durante la mayor parte del tiempo que tuve que nadar. Y aprendí una importante lección: la forma en que uno comienza no es ni con mucho tan importante como la forma en que termina. Y la clave está en llevar el ritmo.

Hace poco alguien me preguntó cuál es el mayor reto que estoy experimentando. La respuesta fue fácil: la falta de margen. Con las responsabilidades de pastorear, ser padre, escribir y dar conferencias, no tengo mucho margen en mi vida. Y la National Community Church no está abriendo nuevos locales porque necesitemos algo más que hacer. Sinceramente, mientras más grande se vuelve la iglesia, menos adecuado me siento para la tarea. Me da la impresión de que tengo que correr cada vez más rápido, solo para permanecer en el mismo lugar.

Sé por experiencia que podemos hacer la obra de Dios a un ritmo tal que destruya su obra en nosotros. Y quiero hacer mi ministerio a un ritmo que sea sostenible. Pero, ¿te puedo confesar algo? Uno de mis grandes retos consiste en cumplir con el cuarto mandamiento. Me cuesta trabajo reservar un día de reposo. De hecho, el año pasado tuve que tomar una resolución de Año Nuevo, según la cual no abriría correspondencia electrónica relacionada con mi trabajo en mi día libre. También tomé la resolución de usar todos los días de vacaciones que tengo señalados. Siento que se lo debo a mi familia y se lo debo a Dios.

¿Te has preguntado alguna vez por qué Dios instituyó un día de reposo a la semana? ¿Acaso no parece que podríamos lograr más para su causa si trabajáramos los siete días de la semana? Entonces, ¿por qué Dios dejó de trabajar en el séptimo día? Ciertamente, no era porque necesitara un descanso. Esto es lo que yo creo. El día de reposo es un recordatorio semanal de que no somos nosotros los que vamos a mantener a los planetas en su órbita, sino Él. Pero nunca lo sabríamos si nos guiamos por nuestros frenéticos esfuerzos para llegar al final de nuestra lista de cosas por hacer. ¿Sabes qué es lo que necesitamos en realidad? ¡Una lista de las cosas que debemos dejar de hacer!

Yo he llegado a esta conclusión: No quiero ser bueno en una gran cantidad de cosas; quiero ser estupendo en unas pocas. Preferiría derramar mi corazón, alma, mente y fortaleza en unos pocos esfuerzos, que hacer a medias una gran cantidad de cosas. Y he tenido que revisar las prioridades de mis pasiones.

Hace algunos años invertí una cantidad importante de tiempo y de dinero en un negocio que estaba comenzando. Fuimos los primeros en entrar en una actividad única dentro del mercado. Pero terminé comprendiendo que si no mataba aquel negocio, el negocio me iba a matar a mí. Sabía que no podía mantenerme al ritmo que llevaba. Y al evaluar mis dones y mis llamados, supe que pastorear y escribir eran las principales pasiones que Dios había puesto en mí. Aunque aquella nueva empresa tuviera éxito, estaría creando un cortocircuito en lo que Dios quería hacer en mí y por medio de mí.

¿Qué necesitas abandonar? ¿Dónde necesitas ir más lento? ¿Qué cambios necesitas hacer en tu vida para darle a Dios el margen necesario para actuar dentro de él?

El día de reposo es una manera de liberarnos y dejar actuar a Dios. Es un cambio de ritmo saludable. Crea un margen santo en nuestra vida. E impide que lo sagrado se vuelva rutina.

En su libro *Anam Cara,* John O'Donohue relata una historia acerca de un explorador europeo en el África, que contrató algunos nativos africanos para que lo ayudaran a atravesar la selva con sus equipos. No se detuvieron durante tres días. Al final del tercer día, los cargadores se detuvieron y se negaron a seguir adelante. El explorador les preguntó por qué, y uno de los nativos africanos le dijo: «Nos hemos movido demasiado rápido para llegar aquí; ahora necesitamos esperar para darles a nuestros espíritus la oportunidad de alcanzarnos».

La palabra *Sabbath* significa «recobrar el aliento». El día de reposo semanal es la forma en que nuestro espíritu alcanza a nuestro cuerpo. Y si no hacemos más lento nuestro ritmo, con el tiempo llegaremos a un punto en que cada vez el rendimiento será menor; donde más será menos y menos será más. Esto va contra toda intuición, pero la forma en que nos apresuramos es yendo más lento.

La caza del Ave Salvaje no es una frenética carrera. Es más parecida al triatlón. Y llevar un ritmo en ese recorrido es algo crítico. Sí, habrá momentos en los que nos parecerá casi imposible mantener el ritmo ante las largas zancadas que da el Espíritu. Pero me parece que es más difícil aun, para aquellos de nosotros que tenemos una personalidad Tipo-A, disminuir nuestra velocidad cuando Dios quiere que nos quedemos quietos.

¿Por qué le dijo Dios a Moisés que se quitara las sandalias? Yo creo que fue su manera de decirle: «Quédate quieto; reconoce que yo soy Dios» (Salmo 46.10).

EL MINISTERIO ES ALGO QUE SUCEDE

Cuando no mantenemos un ritmo en nuestra vida, tendemos a perdernos las citas divinas por todas partes. De hecho, nos parecen más bien interrupciones humanas. Nos obsesionamos tanto tratando de llegar donde pensamos que Dios quiere que vayamos, que nos ponemos nuestras anteojeras espirituales y nos perdemos las sendas por donde el Ave nos quiere llevar. La forma en que se da caza al Ave Salvaje no es yendo cada vez más rápido. La clave está en ir cada vez más lento, quitarse las sandalias y experimentar la presencia de Dios aquí y ahora mismo.

Hace algunos años, John Darley y Daniel Batson, dos psicólogos de la Universidad de Princeton, hicieron un experimento que estaba inspirado en un relato de la Biblia (Lucas 10.25–37). Jesús contó una historia acerca de un viajero que fue asaltado y dejado por muerto junto al camino que va de Jerusalén a Jericó. Un sacerdote y un levita (dos hombres que tenían el perfil de las personas religiosas dentro de la cultura de Jesús) pasaron junto a él, pero al otro lado del camino. El único que se detuvo para ayudarlo fue un samaritano.

Darley y Batson decidieron hacer una réplica de la historia del buen samaritano con los estudiantes de seminario. Introdujeron unas cuantas variables. Entrevistaban a los seminaristas y les preguntaban por qué querían entrar al ministerio. Las respuestas fueron muy diversas, pero la gran mayoría dijo que quería entrar al ministerio para ayudar a la gente. Después les pidieron que prepararan un corto sermón, la mitad de ellos sobre la historia del buen samaritano y la otra mitad sobre otros temas. Por último, les indicaron que fueran a un edificio dentro del recinto universitario para presentar sus sermones.

En el camino al edificio, los investigadores habían situado en un punto estratégico a un actor en un callejón para que representara el papel del hombre que había sido asaltado en la historia de Jesús. El actor estaba caído en el suelo y gimiendo lo suficientemente alto como para que lo escucharan los que pasaban por allí. La hipótesis de los investigadores era que aquellos que decían que querían entrar al ministerio para ayudar a la gente, y los que acababan de preparar el sermón sobre el buen samaritano, serían los que con mayor probabilidad se detendrían para ayudar. Pero no fue así. Y la razón es la variable final que introdujeron los investigadores. Justo antes de que los seminaristas salieran para pronunciar su sermón, el investigador miraba a su reloj y decía una de las dos cosas siguientes. A algunos seminaristas les decía: «Vas atrasado. Te estaban esperando ya hace unos minutos. Será mejor que te apresures». A los otros, el investigador les decía: «Vas temprano. No te están esperando sino hasta dentro de unos minutos, pero ¿por qué no sales ya para allá?».

¿Interesado en los resultados? Solo el diez por ciento de los estudiantes de seminario que llevaban prisa se detuvo para ayudar, mientras que el sesenta y tres por ciento de los que no llevaban prisa se detuvieron para ayudar. ¡En varios casos hubo seminaristas de los que iban a dar su charla sobre la parábola del buen samaritano que tropezaron literalmente con la víctima mientras iban a toda prisa hacia el edificio!

Darley y Batson llegaron a la conclusión de que no importaba si alguien quería ayudar a la gente, o si acababa de leer la parábola del buen samaritano y se estaba preparando para predicar acerca de ella. Lo único que importaba era si llevaban prisa, o si no. Su conclusión fue esta: «Las palabras "Vas atrasado" tuvieron el efecto de convertir a alguien que de ordinario era una persona compasiva, en una persona indiferente ante el sufrimiento»[11].

Las prisas lo matan todo, desde la compasión hasta la creatividad. Y cuando tienes prisa, no tienes tiempo para salirte de tu rutina, ¿no es eso? No hay lugar para una espontaneidad guiada por el Espíritu. No hay tiempo para cazar al Ave Salvaje. Aquí está la gran ironía: es probable que el sacerdote y el levita fueran de camino al templo. Estaban tan ocupados amando a Dios, que no tenían tiempo para amar a su prójimo. Y entonces es cuando nuestra rutina se vuelve contraproducente. Seamos sinceros. Nos podemos volver tan ocupados haciendo «ministerio», que no tengamos tiempo para ministrar.

Te lo diré como si fuera una de esas frases que se ponen en los parachoques de los autos: El ministerio es algo que sucede. Si estás a la caza del Ave Salvaje, no tendrás que fabricar las oportunidades para ministrar. De hecho, cuando leo los evangelios me parece que la mayoría de lo que sucedió en el ministerio de Jesús no había sido planificado. Como aquel momento en el cual Jesús estaba saliendo de Jericó, y un ciego llamado Bartimeo clamó a Él.

Al oír que el que venía era Jesús de Nazaret, se puso a gritar:

—¡Jesús, Hijo de David, ten compasión de mí!

Muchos lo reprendían para que se callara, pero él se puso a gritar aún más:

—¡Hijo de David, ten compasión de mí!

—Marcos 10.47, 48

La gente que reprendió a Bartimeo lo veía como una interrupción humana. Y no hay duda alguna de que Jesús tenía lugares donde ir, y cosas que hacer. Pero Jesús no lo vio como una interrupción humana. Lo vio como una cita divina. ¿Y qué hizo? «Jesús se detuvo» (Marcos 10.49). Estas tres palabras dicen muchas cosas.

La espontaneidad es una dimensión de la espiritualidad que se valora muy poco. De hecho, la madurez espiritual tiene menos que ver con las visiones a largo plazo, que con la sensibilidad continua a los impulsos del Espíritu Santo. Y es esa sensibilidad al Espíritu Santo la que convierte nuestra vida en una aventura de todos los días.

LA PREDISPOSICIÓN HEURÍSTICA

El crecimiento espiritual es una verdadera adivinanza. La clave de ello consiste en desarrollar unas rutinas saludables y santas. Las llamamos *disciplinas espirituales*. Pero una vez que la rutina se vuelve habitual, necesitamos detenerla. ¿Por qué? Porque las rutinas sagradas se convierten en rituales vacíos cuando las hacemos con la memoria del hemisferio cerebral izquierdo, en lugar de hacerlas con la imaginación de la parte derecha del cerebro.

Por supuesto, no estoy sugiriendo que las rutinas sean malas. La mayoría de nosotros practicamos un ritual matutino que consiste en ducharnos, cepillarnos los dientes y ponernos desodorante. Por el bien de tu familia y de tus amigos, quisiera animarte a seguir con esas rutinas.

Pero aquí está la «Trampa 22»: *Las buenas rutinas se vuelven malas, si no las cambiamos.* Uno de los peligros espirituales más grandes al que nos enfrentamos es el de aprender el *cómo* y olvidar el *porqué*. Llámalo familiarización. Llámalo creación de un hábito. Llámalo conversión en rutina. Llámalo como quieras. Cuando aprendemos el cómo y olvidamos el porqué, comenzamos a limitarnos a los movimientos externos, con detrimento de lo realmente espiritual.

La dictadura de lo común y corriente

Tendemos a pensar y actuar de acuerdo a ciertos esquemas. Y esa tendencia a pensar de la forma en que siempre hemos pensado, o hacer las cosas de la forma en que siempre las hemos hecho, se llama *predisposición heurística*. Es un proceso cognoscitivo increíblemente complejo resultado final es el embotamiento. Hacemos las cosas sin pensar en ellas. Y si no tenemos cuidado, oramos sin pensar, tomamos la Comunión sin pensar y adoramos sin pensar.

Hace ya algunos años leí un fascinante estudio que sugería que las personas dejan de pensar acerca de la letra de una canción después de haberla cantado treinta veces. Estoy seguro de que los números varían de una persona a otra, pero la tendencia es universal. Y tiene profundas consecuencias cuando de la adoración se trata.

Dios se quejaba diciendo: «Este pueblo me alaba con la boca y me honra con los labios, pero su corazón está lejos de mí. Su adoración no es más que un mandato enseñado por hombres» (Isaías 29.13). Dios no quiere que nos limitemos a repetirle palabras sin pensar en ellas. Él quiere que le adoremos.

Cuando adoramos de memoria, nuestra adoración le debe parecer a Dios como un disco rayado. Tal vez por eso los Salmos nos exhortan por lo menos seis veces a entonar un cántico nuevo. Necesitamos palabras nuevas, posturas nuevas, pensamientos nuevos y sentimientos nuevos.

¿Por qué? ¡Porque Dios quiere ser mucho más que un simple recuerdo!

La adoración procedente de la parte izquierda del cerebro no es suficiente. Tampoco lo es la oración procedente de la parte derecha del cerebro. Jesús nos advirtió diciendo: «Y al orar, no hablen sólo por hablar como hacen los gentiles, porque ellos se imaginan que serán escuchados por sus muchas palabras. No sean como ellos, porque su Padre sabe lo que ustedes necesitan antes de que se lo pidan» (Mateo 6.7, 8).

Es fácil caer en una rutina al orar, ¿no es cierto? Repetimos todos los modelos de oración que conocemos, seguidos por un vacío «¡amén!».

A veces oramos como si Dios no tuviera personalidad. El personal de nuestra iglesia sabe que una de las dimensiones de mi vida de oración es el humor. Todo el tiempo estallamos de risa en medio de nuestra oración porque yo salgo de buenas a primeras con un chiste. Sé que esto puede parecer sacrílego, pero me encanta contar chistes. En ese caso, ¿por qué habría de excluir a Dios? Y no me puedo imaginar una relación con nadie, si en esa relación el humor no forma parte de nuestra conversación. Sería francamente aburrida. No estoy seguro de que Dios se ría con todos mis chistes, pero Él es quien nos creó con sentido del humor.

Necesitamos dejar de orar de memoria para comenzar a orar con la imaginación. No me malentiendas. Por supuesto, tengo algunas oraciones nacidas en la parte izquierda de mi cerebro que repito todo el tiempo. Una de ellas es la oración previa al sermón: «Ayúdame a ayudar a la gente». La hago todo el tiempo, y pienso que la digo con sinceridad siempre. Y oro con Lucas 2.52 por mis hijos continuamente. Oro para que «crezcan en sabiduría y estatura, y cada vez más gocen del favor de Dios y de toda la gente». Esas oraciones aprendidas de memoria no tienen nada de malo, pero también necesitamos inyectarle a nuestra oración un poco de imaginación.

No hace mucho hablé en la National Community Church acerca de la predisposición heurística en la oración, y reté a nuestra congregación a orar de manera diferente, o en un lugar distinto, o con otro tono. Pocos días más tarde, recibí un correo electrónico de un miembro de la NCC que hizo un experimento con su oración:

Después de su sermón en la Union Station, decidí aceptar su reto de darle gracias a Dios por los milagros diarios que generalmente esperamos de Él, o incluso olvidamos. En lugar de esperar a la noche, decidí comenzar en ese mismo momento, mientras caminaba de vuelta al Metro. Como sabía que la lista de cosas por las que tendría que darle gracias podía ser infinitamente larga, decidí centrar mi oración de acción de gracias solo en los milagros que estaba recibiendo en el momento de mi oración.

«Gracias, Dios mío, por la respiración aeróbica. Gracias por las mitocondrias, que ahora mismo están creando ATP. Gracias por el ATP. Gracias por la glucólisis. Gracias por el piruvato».

Con mi título de biología, terminé teniendo una gran cantidad de cosas en la lista. Cuando llegué por fin a mi casa en Arlington, ya le estaba dando gracias a Dios por cada uno de los aminoácidos.

«Dios mío, gracias por la glicina. Gracias por la leucina. Y por la isoleucina. Y por el triptófano».

Cuando llegué al punto de darle gracias a Dios por el hecho de que todos los organismos que forman aminoácidos tienen la misma quilaridad, de tal manera que mi cuerpo puede volver a usar los nutrientes y los bloques constructores de las células que hay en las comidas que digiero, me encontré sumido en un absoluto y reverente asombro ante su creación.

Oré mientras daba una caminata al aire libre, dándole gracias por los huesos, los ligamentos y los tendones. También le di gracias porque por alguna razón, nunca hice un curso de anatomía en el colegio universitario, ya que de otra manera me habría sentido obligado a darle gracias por cada uno de los huesos, por su nombre, lo cual decididamente me habría retrasado todavía más en mi intento por repasar la mayoría de los milagros que estaba recibiendo en ese momento.

¡Me pasé el día orando sin cesar! Literalmente, no me detuve, y solo me limité a seguir mencionando conscientemente las cosas por las que estaba agradecido. Escuchaba música y le daba gracias a Él por las cócleas de mis oídos. Mientras me hacía la cena, le daba gracias por el xilema de las plantas que estaba preparando. Pasé mucho tiempo dándole gracias por las propiedades moleculares del agua.

Le di gracias por las bacterias beneficiosas que hay en mi colon, y que me ayudan a digerir los alimentos. Le di gracias por la recombinación genética, la cual hizo posible el desarrollo y cultivo de las plantas de algodón para los pantalones de mezclilla que llevaba puestos.

Para cuando se puso el sol y oscureció a las nueve en punto, creo que Dios se divertía con la futilidad de que yo tratara de darle gracias por todo.

Finalmente, el Espíritu me mandó callar, diciéndome: «Ahora ya puedes parar».

¡Eso es lo que yo llamo una oración de la parte derecha del cerebro!

LA LEY DE LA NECESIDAD DE LAS VARIACIONES

Según la ley de la necesidad de las variaciones, la supervivencia de cualquier sistema depende de su capacidad para cultivar las variaciones dentro de sus estructuras internas. El desequilibrio es vida. El equilibrio es muerte. El equilibrio prolongado embota nuestros sentidos, entumece nuestra mente y atrofia nuestros músculos.

En el ejercicio físico, a la larga, las rutinas se vuelven contraproducentes. Si haces los ejercicios siempre de la misma forma cada vez que te ejercitas físicamente, tus músculos se comienzan a adaptar y dejan de crecer. Por eso necesitas ir cambiando de rutina. Necesitas desorientarlos. Lo mismo sucede en la vida espiritual.

Precisamente por esta razón es por la que necesitamos al Ave Salvaje en nuestra vida. Sin Él, la vida se convierte en una rutina vacía o un ritual apagado. El Ave Salvaje mantiene locas las cosas.

Cuando estoy en un momento de depresión espiritual, nueve de cada diez veces se debe a que algo sagrado se ha vuelto rutina. Estoy seguro de que esto va cambiando según las personalidades, pero una de las formas en que yo logro salirme de una depresión espiritual, es perturbando mi rutina y experimentando con las disciplinas espirituales.

Algunas veces, todo lo que hace falta es un pequeño cambio en la rutina. Ofrécete de voluntario en un refugio local para gente sin hogar. Comienza a llevar un diario de gratitud. Conéctate con un grupo pequeño o un estudio bíblico. Tómate un día libre y haz un retiro personal. O solo levántate un poco más temprano por la mañana y dedica un poco más de tiempo a estar con Dios.

Uno de los pequeños cambios en la rutina que me han ayudado a rejuvenecer mis tiempos devocionales consiste en tomar una nueva traducción de las Escrituras. Las palabras nuevas me ayudan a tener pensamientos nuevos. Si sueles leer la Nueva Versión Internacional, prueba con la Reina–Valera. O si lees la Reina–Valera, prueba con la Biblia de las Américas.

Los cambios pequeños en la rutina pueden tener por consecuencia unos cambios radicales. Pero algunas veces, para salir de una depresión espiritual hace falta un esfuerzo más sostenido. Yo soy optimista por naturaleza. No me siento deprimido con mucha frecuencia, y cuando me siento así, no me dura mucho. Pero hace algunos años toqué fondo, emocionalmente hablando, y no lograba rebotar. Lo único que me sacó de aquella temporada de desaliento fue un ayuno de cuarenta días. Puedes ayunar renunciando a lo que quieras, pero yo decidí renunciar a la televisión durante cuarenta días. Y el Señor me hizo ver que el hecho de que Él escuche mi voz no era tan importante como el que yo escuchara la suya. Así que, aunque me entregaba a la oración, el enfoque primario de aquel ayuno era leer de principio a fin toda la Biblia durante esos cuarenta días. No estaba seguro de poder hacerlo, pero es asombroso la cantidad de tiempo del que uno dispone para leer cuando apaga la televisión.

Las cosas que el Señor me reveló durante aquel ayuno de cuarenta días me cambiaron la vida. Y tengo un diario repleto de reflexiones. Pero una caminata de oración en particular en un día determinado se convirtió para mí en una zarza ardiente. Estaba orando cerca de la fuente del Senado que se encuentra entre la Union Station y el edificio del Capitolio, y Dios me recordó una sencilla verdad: «No se trata de lo que tú puedas hacer por mí; se trata de lo que yo ya he hecho por ti». Sé que esto no suena como un pensamiento revolucionario. Pero cuando la verdad de esa afirmación penetró en mi corazón, revolucionó mi vida. Nunca volveré a ser el de antes. Y esa fuente del Senado es una de mis zarzas ardientes.

TIRA AL SUELO TU VARA

Todos los veranos me tomo un tiempo sabático de seis semanas en la predicación. La razón es sencilla. Me es tan fácil enfocarme en lo que Dios quiere hacer a través de mí, que descuido por completo lo que quiere hacer dentro de mí. Así que durante seis semanas, me quito las sandalias. Me voy de vacaciones. Asisto a la iglesia con mi familia. Y durante varias semanas del verano, me limito a sentarme con los miembros de nuestra congregación, tomando notas y entonando cánticos como todos los demás. Mi sabático es una de las maneras en que impido que la rutina se vuelva habitual. Pero tiene que ver con más que el simple hecho de quitarme las sandalias. Permíteme que te lo explique.

Poco después de decirle a Moisés que se quitara las sandalias, Dios le dio otra orden, más curiosa aun. Le dijo que tirara al suelo su vara.

—¿Qué tienes en la mano? —preguntó el Señor.

—Una vara —respondió Moisés.

—Déjala caer al suelo —ordenó el Señor.

Moisés la dejó caer al suelo, y la vara se convirtió en una serpiente. Moisés trató de huir de ella, pero el Señor le mandó que la agarrara por la cola. En cuanto Moisés agarró la serpiente, ésta se convirtió en una vara en sus propias manos.

—Esto es para que crean que yo el Señor, el Dios de sus padres, Dios de Abraham, de Isaac y de Jacob, me he aparecido a ti.

—Éxodo 4.2–5

La vara de pastor tenía unos dos metros de largo y era curva en uno de sus extremos. Funcionaba como bastón para caminar, arma y aguijón para guiar al rebaño. Moisés nunca salía de su casa sin la vara. Esa vara simbolizaba su seguridad. Le ofrecía seguridad física contra los animales salvajes. Le proporcionaba su seguridad económica, puesto que sus ovejas eran su portafolio financiero. Y era una forma de seguridad en las relaciones. Al fin y al cabo, Moisés trabajaba para su suegro.

Pero la vara era algo más que una simple forma de seguridad. También formaba parte de su identidad. Cuando Moisés se miraba al espejo, veía un pastor... ni más, ni menos. Y yo creo que por esa razón, le pidió a Dios que enviara a otro. «¿Y quién soy yo para presentarme ante el faraón y sacar de Egipto a los israelitas?» (Éxodo 3.11). Me encanta la forma en que Dios responde a su pregunta cambiando el enfoque. Le dice: «Yo estaré contigo» (Éxodo 3.12). En realidad, aquellas palabras no parecen ser una respuesta a la pregunta de Moisés, ¿no es cierto? Pero yo creo que era la manera que tuvo Dios de decirle: «¡*Lo que* tú eres no es la cuestión; la cuestión es *quién* eres!».

¿Alguna vez te ha dicho Dios que tires algo al suelo? ¿Algo en lo que encontrabas tu seguridad, o ponías tu identidad? Es sumamente difícil soltarlo, ¿no es cierto? Sientes que estás poniendo tu futuro en peligro. Y sientes que podrías perder aquello que es lo más importante para ti. Pero entonces es cuando descubres quién eres en realidad.

Yo estoy rodeado por un maravilloso equipo en la National Community Church. Y créeme, ¡no aceptaron las ofertas de trabajo de la NCC porque se les diera una bonificación al firmar el contrato! Vinieron porque se sintieron llamados. Entre los miembros de nuestro personal que llevan más tiempo con nosotros está Heather Zempel, quien sirve como pastora de discipulado. Heather estaba trabajando en Capitol Hill, en una oficina del Senado. Como especialista en ingeniería ambiental, había conseguido el trabajo de sus sueños dedicado a las cuestiones relacionadas con el ambiente. Le encantaba su trabajo. Y de acuerdo con las normas de Capitol Hill, ganaba un buen sueldo. Entonces, yo lo enredé todo. Le pedí que ocupara un puesto en la National Community Church, trabajando más horas y ganando menos dinero. Heather se habría podido quedar con su puesto en el personal del Senado. Y la rutina de la vida habría continuado. Pero tuvo la valentía de tirar su vara al suelo y recoger un nuevo manto de liderazgo. Heather se halla entre los mejores comunicadores y líderes con los cuales he tenido el placer de trabajar. Y la NCC no estaría donde está, ni sería lo que somos, de no haber sido por ella. Pero todo se remonta a su valentía para tirar al suelo su vara, salirse de su jaula, y lanzarse a la caza del Ave Salvaje.

Yo sentí angustia por Heather cuando tomó aquella decisión. Y ahora siento esa misma angustia por ti, porque sé lo difícil que es tirar al suelo una vara. A mí me fue muy duro tirar al suelo mi beca en la Universidad de Chicago. Me fue muy difícil dejar atrás la seguridad de amigos y parientes para mudarme de Chicago a Washington DC. Pero la única manera en que podemos descubrir una nueva identidad, es soltando la identidad vieja. Y la única manera de hallar nuestra seguridad en Cristo, es tirando al suelo las seguridades humanas a las cuales tenemos la tendencia de aferrarnos.

Hay una rama de la historia llamada teoría contrafactual, que se dedica a hacer las preguntas que comienzan por «¿Y si...?». Así que aquí tienes mi pregunta contrafactual: ¿Y si Moisés se hubiera aferrado a su vara? Me parece que la respuesta es sencilla. La vara de pastor habría seguido siendo una vara de pastor. No creo que Dios hubiera usado a Moisés para libertar a Israel. Creo que Moisés habría regresado de inmediato a cuidar de su rebaño.

Si no estás dispuesto a tirar al suelo tu vara, estás perdiéndote el milagro que tienes en la misma punta de los dedos. Tienes que estar dispuesto a soltar una identidad vieja para poder tomar una nueva. Y eso es lo que le sucedió a Moisés. Fue un milagro de transformación. No solo la transformación de la vara en serpiente, sino la transformación de un pastor de ovejas en el líder de una nación. Pero Moisés *tuvo* que tirar al suelo su vara de pastor para que se transformara en la vara de Dios.

Que nosotros sepamos, este es el primer milagro que experimentó Moisés. Si se hubiera aferrado a su vara, se habría perdido todos los milagros que se produjeron en su vida. Se habría pasado el resto de su vida contando ovejas.

¿Dónde encuentras tu identidad? ¿Cuál es la fuente de tu seguridad? ¿Un diploma? ¿Un sueldo? ¿Una relación? ¿Un título? ¿Un nombre? Ninguna de esas cosas tiene nada de malo, siempre que las puedas tirar al suelo.

Si buscas tu seguridad fuera de Cristo, tendrás un falso sentido de seguridad. Y también tendrás un falso sentido de identidad. Mientras sigas aferrado a tu vara, nunca sabrás lo que habrías podido lograr con la ayuda de Dios. Y permíteme recordarte esto: Tu éxito no depende de lo que tengas en la mano. Tu éxito depende de que Dios extienda su poderosa mano a favor tuyo.

Así que te voy a lanzar un reto. Tira al suelo tu vara, salte de la jaula y descubre la aventura que se halla al extremo opuesto de la rutina.

TU CAZA

- ¿En qué rutina te has quedado estancado últimamente? ¿Cómo ha afectado a tu vida espiritual?
- ¿Qué oportunidades tienes durante los próximos seis meses de dar un viaje que cambie no solo tu latitud, sino también tu actitud? (Piensa en un retiro espiritual, un viaje misionero o incluso unas vacaciones.)
- ¿Ocupado? ¿Tal vez *excesivamente* ocupado? ¿Cómo puedes hacerte unas bolsas de descanso y silencio en medio de tu agenda, de manera que puedas escuchar el llamado del Ave Salvaje?
- ¿Qué tanto de predecibles se han vuelto tus prácticas espirituales, como la adoración y la oración, que han llegado al punto de haber perdido en gran parte su importancia para ti? ¿Qué puedes hacer para recuperar la frescura de una relación con un Dios que es imposible de domesticar?
- ¿Cuál es la «vara» que necesitas «tirar al suelo»? ¿Puedes hacerlo?

CAPÍTULO 4

TECHOS DE DOS METROS Y MEDIO

Cómo salir de la jaula de los supuestos

Si pudiera desear algo, no desearía riqueza ni
poder, sino la apasionada sensación de lo que
puede ser, porque los ojos, siempre jóvenes y
ardientes, ven lo posible. El placer desilusiona;
la posibilidad nunca lo hace. ¿Y qué vino
hay que sea tan chispeante, tan fragante
y tan embriagador como la posibilidad?

—Søren Kierkegaard

H ace poco encontré por casualidad un estudio científico
bastante interesante, cuyo título también lo era: «¿Existe

una explicación paleolimnológica para el hecho de "caminar sobre el agua" en el mar de Galilea?». Adelante. Busca la palabra *paleolimnología* si quieres. Yo la tuve que buscar.

Doron Nof, uno de los principales expertos en oceanografía y limnología, sugiere que a lo largo de los últimos milenios pasados, una rara combinación de condiciones atmosféricas puede haber causado que flotaran pedazos de hielo en el mar de Galilea. ¿Adivinaste ya hacia dónde se dirige todo esto? Nof calculó que la posibilidad de que se produjera este fenómeno de hielos flotantes es menos de una cada mil años, pero esa proporción tan escasa no impidió que pusiera en tela de juicio el que Jesús hubiera caminado sobre el agua al fin y al cabo. Tal vez estuviera haciendo surfing sobre un hielo flotante.

¿Quieres saber lo que pienso? Pienso que Jesús caminó sobre el agua, porque la Biblia dice que Jesús caminó sobre el agua (Mateo 14.22–33). Pero tengo que admitirlo: no estoy seguro sobre qué preferiría ver. Ir haciendo equilibrios sobre un pedazo de hielo flotante hasta llegar al mismo centro del mar de Galilea en medio de la noche, en medio de olas gigantescas y con muy poca visibilidad, me parece casi tan milagroso como caminar sobre el agua.

Doron Nof dice: «El que esto sucediera o no, es un problema sobre el cual deben decidir los eruditos religiosos, los arqueólogos, los antropólogos y los creyentes. Como científicos de la naturaleza, nos limitamos a señalar que es probable que se produjera varias veces en aquella región un proceso único de congelación durante los últimos doce mil años»[12].

Nof es naturalista. Y como naturalista, no tiene una categoría cognoscitiva para lo sobrenatural. Por tanto, hizo lo que muchos de nosotros hacemos cuando algo no cabe dentro de nuestras categorías cognoscitivas preexistentes. Buscamos una explicación que nos parezca convincente para algo que no podemos explicar. Yo tengo esa tendencia, y me imagino que tú la tengas también.

En lugar de abrazar los misterios, nos inventamos explicaciones humanas para los fenómenos sobrenaturales. En lugar de vivir en medio de un reverente asombro, tratamos de hacer que el Omnisciente encaje dentro de los límites lógicos de nuestra parte izquierda del cerebro. Y si me lo permites seré más atrevido: francamente, no creo que eso nos haga listos. Pienso que nos hace personas de mente estrecha. Y no es Dios el que sale empequeñecido. Somos nosotros.

Dios no solo interrumpe nuestras rutinas, como vimos en el capítulo anterior. También desafía las cosas que damos por seguras. Unas seguridades que le quitan a la vida todo su misterio y majestad.

un cristianismo a nuestra medida

En el principio, Dios hizo al hombre a su imagen (Génesis 1.27). Desde entonces, ha sido el hombre el que ha estado haciendo a Dios a la imagen de él.

Llámalo naturalismo. Llámalo antropomorfismo. Llámalo idolatría. Llámalo como te parezca. El resultado de esta inversión espiritual es un dios que tiene un tamaño como el nuestro y se parece increíblemente a nosotros. Y la mayoría de nuestras deficiencias espirituales parten de este error fundamental: pensar acerca de Dios en términos humanos. Hacemos a Dios a nuestra imagen y, como dice A. W. Tozer en *El conocimiento del Dios santo*, lo que nos queda es un dios que «nunca nos puede sorprender, nunca nos puede hacer sentir abrumados, ni dejarnos atónitos, ni estar por encima de nosotros»[13].

A Thomas Jefferson le encantaban las enseñanzas de Jesús. De hecho, el autor de la Declaración de Independencia de los Estados Unidos las consideraba «el código moral más sublime y benevolente que ha sido ofrecido jamás al hombre». Pero Jefferson también era hijo de la Ilustración. No tenía una categoría cognoscitiva para los milagros, de manera que tomó literalmente unas tijeras y los cortó de su Biblia del Rey Jaime. Aquello le llevó dos o tres noches. Y cuando terminó de hacerlo, había recortado el nacimiento virginal de Jesús, los ángeles y la Resurrección. Jefferson extrajo de la Biblia todos los milagros, y el resultado fue un libro titulado *The Life and Morals of Jesús of Nazareth* [La vida y las enseñanzas morales de Jesús de Nazaret], al cual se le suele llamar «la Biblia de Jefferson».

Difícil de imaginar, ¿no es cierto? Y surge algo dentro de aquellos de nosotros que creemos que la Biblia es inspirada por Dios. En parte, nos burlamos de Jefferson, o lo reprendemos. No se puede estar escogiendo lo que a uno le parezca. No nos podemos dedicar a cortar y pegar. A la Biblia no se le puede hacer eso. Pero esta es la verdad: Aunque la mayoría de nosotros no nos podemos imaginar tomando unas tijeras, yendo a la Biblia y cortando físicamente de ella ciertos versículos, nosotros también hacemos exactamente lo mismo que hizo Jefferson. Pasamos por alto los versículos que no podemos comprender. Evitamos los versículos que no nos gustan. Y racionalizamos los versículos que son demasiado radicales.

¿Me permites que te haga una confesión personal? Cada vez que estoy leyendo la Biblia y llego a un versículo que no comprendo del todo, o que no estoy a la altura de él, me doy cuenta de que estoy leyendo a gran velocidad. Leo con gran rapidez para pasar esos versículos. Pero entonces, voy más lento cuando llego a versículos que comprendo y obedezco. Así es la naturaleza humana, ¿no es cierto? Esta es una lección que he aprendido con dificultad: ¡Cuando me encuentro con un versículo que quiero leer muy rápido, lo más probable es que necesite leerlo con gran lentitud!

De manera que, a pesar de que no nos dediquemos a cortar partes de la Biblia con unas tijeras, el resultado final es el mismo. Escogemos las verdades que queremos aceptar. Nos dejamos atrapar por nuestra propia lógica. Nuestra vida se limita a aquellas cosas que podemos captar con nuestra corteza cerebral. Terminamos en la jaula de nuestros supuestos. Y mientras más supuestos tengamos, más pequeña se volverá nuestra jaula.

Y entra en escena Abraham.

LA CONTEMPLACIÓN DE LAS ESTRELLAS

«Luego el Señor lo llevó afuera [a Abraham] y le dijo: —Mira hacia el cielo y cuenta las estrellas, a ver si puedes. ¡Así de numerosa será tu descendencia!» (Génesis 15.5).

Es fácil leer este relato y seguir adelante sin volver a pensar en él. Dios le prometió a Abraham que sus descendientes serían tan numerosos como las estrellas del cielo. ¿Y qué? Pero lo que Dios *hizo* es tan significativo como lo que *dijo*. ¿Lo captaste? «El Señor lo llevó afuera [a Abraham]».

Abraham estaba encerrado en su tienda de campaña. Por así decirlo, estaba contemplando un techo que tal vez tuviera unos dos metros y medio de altura. Así que Dios se lo llevó en un viaje al campo y le encomendó una tarea: contar las estrellas. Me pregunto cuánto tiempo le llevó. Tal vez toda la noche. Pero cuando Abraham por fin perdió la cuenta, Dios le había dado una lección objetiva que nunca olvidaría. Abraham nunca volvería a mirar al firmamento como lo había hecho antes. Las estrellas se convirtieron noche tras noche en memoriales de la promesa que Dios le había hecho.

No hace mucho salí de acampada con mis dos hijos varones, y al final del día pasamos alrededor de un cuarto de hora acostados boca arriba en un campo abierto, solamente mirando a las estrellas. Parker señaló algunas de las constelaciones. Y Josiah señaló a las estrellas que se movían, conocidas también como aviones. Mientras contemplábamos la magnitud del espacio que se extiende por miles de millones de años luz en todos los sentidos, nos acordábamos de lo inmenso que es Dios. Ponerme a mirar al firmamento durante la noche tiene algo especial que restaura mi perspectiva y calibra de nuevo mi espíritu. Me recuerda lo pequeño que soy, y lo grande que es Dios.

Cuando Teddy Roosevelt era presidente, él y su amigo, el naturalista William Beebe, tenían la costumbre de salir al exterior después de la cena para contemplar el firmamento. Localizaban un tenue punto de luz en la esquina inferior izquierda de la constelación de Pegaso y recitaban lo que sigue:

Esa es la Galaxia Espiral que hay en Andrómeda.

Es tan grande como nuestra Vía Láctea.

Es una de los cien millones de galaxias que conocemos.

Está a setecientos cincuenta mil años luz de distancia.

Está formada por cien mil millones de soles, todos ellos más grandes que nuestro sol.

Roosevelt se detenía y sonreía. Entonces le decía a su amigo: «¡Ahora ya creo que nos sentimos lo suficientemente pequeños! ¡Vamonos a dormir!»[14].

¿Por qué sacó Dios a Abraham al descampado? La respuesta es más obvia de lo que nos imaginamos. Mientras Abraham estuviera dentro de su tienda, un techo fabricado por hombres seguiría oscureciendo su visión. Mantenía las promesas de Dios fuera de su vista.

Nosotros tenemos el mismo problema. Es como los niños pequeños que aún no han desarrollado la capacidad psicológica conocida como *permanencia de los objetos:* si no lo ves, no lo tienes en la mente. Perdemos perspectiva cuando perdemos de vista las promesas de Dios.

Dios le quería recordar a Abraham lo grande que Él es, así que le dijo que contemplara un buen rato las estrellas. Yo creo que fue su manera de decirle: «No le pongas un techo de dos metros y medio a lo que yo puedo hacer».

UNA ACCIÓN ESPELUZNANTE A DISTANCIA

En 1964, John Stewart Bell publicó un ensayo titulado «On the Einstein-Podolsky-Rosen Paradox» [Sobre la paradoja de Einstein, Podolsky y Rosen] que revolucionó la física cuántica. En esencia, Bell echaba abajo el principio de las causas locales, el cual sostiene que las relaciones entre las partículas deben contar con la mediación de fuerzas locales. Las investigaciones hechas por él indicaban que, cualquiera que fuera la distancia, todas las cosas del universo se hallan conectadas entre sí.

Casi toda la física clásica se apoyaba en el supuesto de que no había nada en el universo que pudiera viajar con mayor velocidad que la luz. En otras palabras, se daba por sentado que trescientos mil kilómetros por segundo era el límite de velocidad en el universo. Sin embargo, hay experimentos que han demostrado que si dos partículas subatómicas salen despedidas hacia el espacio como consecuencia de una reacción subatómica, siempre parecen influirse entre sí, por mucho que se separen. Lo que le sucede a una partícula le sucede a la otra partícula de manera superluminaria; es decir, con mayor rapidez que la de la luz. Los enlaces invisibles que hay entre todas las partículas desafían el espacio y el tiempo. El término técnico es *no-localidad instantánea*. Albert Einstein la llamaba «una espeluznante acción a distancia».

Esta «espeluznante acción a distancia» puede servir muy bien como definición de la soberanía de Dios, ¿no es así? Dios es superlumínico. Es el Dios altísimo y el Dios cercanísimo.

A esto es a lo que quiero llegar: nosotros hacemos demasiadas suposiciones acerca de lo que es posible y lo que no lo es en el universo físico. Esto mismo es lo que hacemos en el ámbito espiritual. Y esos supuestos se convierten en techos de dos metros y medio de alto que nos limitan la vida. Uno de los supuestos más peligrosos que nos podemos fabricar es dar por sentado que sabemos más de lo que sabemos en realidad. Pero las Escrituras desafían ese supuesto: «El que cree que sabe algo, todavía no sabe como debiera saber» (1 Corintios 8.2).

Las personas más listas del mundo no son las que más conocimientos tienen. Las personas más listas del mundo son las que saben que hay mucho que no saben. O por decirlo de otra forma, las personas más listas son las que menos supuestos tienen en su vida.

En la filosofía de la ciencia hay un concepto conocido como *realismo crítico*. Es el reconocimiento de que no sabemos todo lo que se puede llegar a saber y, por tanto, las teorías científicas están sujetas a cambios basados en los nuevos descubrimientos. Esa humildad intelectual, unida a la curiosidad, es la que impulsa los descubrimientos científicos.

Necesitamos un cierto grado de realismo crítico en la teología. El orgullo se siente ofendido cuando se retan sus supuestos. La humildad recibe de buen grado el desafío, porque su anhelo por conocer a Dios es mayor que su necesidad de estar en lo cierto. Y la humildad, unida a la curiosidad, nos impulsa a seguir preguntando, buscando y tocando a la puerta (Mateo 7.7).

En conclusión: mientras más fe tengas, menos supuestos te fabricarás. ¿Por qué? Porque para Dios todo es posible (Mateo 19.26).

UN DESAFÍO A LOS SUPUESTOS

Según las investigaciones de Rolf Smith, los niños hacen ciento veinticinco preguntas exploratorias al día. En cambio, los adultos solo hacemos media docena de ellas[15]. Eso significa que en algún momento entre la niñez y la edad adulta, comenzamos a perdernos ciento diecinueve preguntas por día.

Cuando mi hijo Parker tenía cinco años, desarrollé un pequeño proyecto de investigación. Me sentía intrigado por la gran cantidad y diversidad de preguntas que hacía Parker, así que las fui siguiendo durante una semana. He aquí un muestreo de las preguntas que me hizo aquella semana:

- ¿Por qué las ballenas viven en el agua?
- ¿Por qué los aviones van por encima de los autos?
- ¿Por qué las orugas se vuelven mariposas?
- ¿Por qué las estrellas salen por la noche?
- ¿Por qué las casas tienen puertas?

Mi pregunta favorita era: «¿Por qué saltan los caballos?». Yo le dije: «Querrás decir que trotan». Parker me respondió: «No; quise decir que saltan».

Como parte de mi experimento, yo quise que Parker supiera que no siempre hay una respuesta fácil para todas las preguntas, así que decidí virar las cosas al revés y ser yo quien le hiciera una pregunta. Pensé seriamente durante mucho tiempo, para hacerle a mi hijo de cinco años una pregunta que lo dejara perplejo. La mejor que se me ocurrió fue esta: «Parker, ¿por qué llueve?». Sin titubear un segundo, mi hijo de cinco años bajó la voz hasta ese tono de «déjame decirte cómo funciona el mundo», y me contestó: «Porque todo tiene sed».

Bueno, por lo menos lo intenté.

Los niños nacen con una santa curiosidad. Si tuviéramos una moneda de cinco centavos por cada vez que nos preguntan *por qué*, sería realmente posible que les pagáramos con esos fondos su educación universitaria. Y no solo están interesados en todo, sino que también creen que todo es posible. Los niños no tienen supuestos, sino que nadan en el mar de las posibilidades.

Por desdicha, en algún momento de nuestra vida, la mayoría de nosotros dejamos de hacer preguntas y comenzamos a fabricar supuestos. Dejamos de contemplar las estrellas y comenzamos a fijar la mirada en el techo. Y entonces es cuando necesitamos casarnos y comenzar una familia.

¡Gracias a Dios por los hijos! Yo creo que Dios nos da hijos por muchas razones, una de las cuales es desafiar nuestros supuestos de adultos. Mis hijos no se limitan a jugar con fantasías. Ese es el efecto que tienen sobre mí. Me hacen creer.

Como padre, tengo la responsabilidad de enseñar a mis hijos. Pero me pregunto si no tendré una responsabilidad mayor aun: la de aprender de ellos. Al fin y al cabo, Jesús mismo dijo: «Les aseguro que a menos que ustedes cambien y se vuelvan como niños, no entrarán en el reino de los cielos» (Mateo 18.3).

Uno de los lugares favoritos de mis hijos en el DC es el Museo Nacional del Aire y el Espacio. Está a pocas calles de nuestra casa, así que de vez en cuando pasamos una tarde recorriendo la historia de la aviación, desde los cometas hasta los cohetes. En una visita, cuando Josiah apenas estaba empezando a caminar, estaban exhibiendo un corte de un avión Douglas DC-7 de American Airlines. Cuando nos preparábamos para subir a bordo, noté que Josiah tenía una mirada de preocupación en el rostro. Le pregunté si quería subir al avión, y él me preguntó: «¿Eso no va a despegar?». Lora y yo no pudimos contener la risa, debido a lo imposible que era aquello. No había motor, alas ni pista de despegue. ¡Era un corte de avión que solo tenía seis metros! Sin embargo, Josiah pensaba que tal vez despegaría. De hecho, cada vez que llegamos a una de las otras exhibiciones que visitamos aquella tarde, él preguntaba: «¿Eso no va a despegar?».

Esa es la belleza de la niñez. Los niños no saben qué es lo que no se puede hacer. Aún no han definido qué es posible y qué es imposible. No tienen supuestos. No tienen imposibilidades. No tienen techos de dos metros y medio. La única limitación que conocen es la imaginación que Dios ha puesto en ellos.

Una nota histórica, puesto que estamos en el tema de los aviones.

En la década de 1870 se celebró una conferencia anual de la iglesia en el Westfield College, en Illinois. Durante la conferencia, el presidente del colegio universitario dijo proféticamente: «Nos estamos acercando a unos tiempos de grandes invenciones. Por ejemplo, yo creo que no está lejos el día en el que los hombres volarán por el aire como las aves».

Un obispo que estaba presente lo acusó de herejía. «¡La Biblia nos dice que la capacidad de volar está reservada a los ángeles!»[16].

¿El nombre de aquel obispo? Milton Wright. Sus dos hijos, Orville y Wilbur, realizaron el primer vuelo con motor que logró el éxito en Kitty Hawk, Carolina del Norte, el 17 de diciembre de 1903.

¿Dónde estaríamos, de no ser por los niños que desafían lo que nosotros damos por sentado?

CONTRA TODA ESPERANZA

Aquí tienes algo que se da por supuesto: una mujer de noventa años no puede tener bebés.

Un supuesto bastante correcto, ¿no crees? Es anatómica, biológica y ginecológicamente imposible que una mujer menopáusica y estéril tenga un hijo. ¿O no?

Contra toda esperanza, Abraham creyó y esperó, y de este modo llegó a ser padre de muchas naciones, tal como se le había dicho: «¡Así de numerosa será tu descendencia!» Su fe no flaqueó, aunque reconocía que su cuerpo estaba como muerto, pues ya tenía unos cien años, y que también estaba muerta la matriz de Sara. Ante la promesa de Dios no vaciló como un incrédulo, sino que se reafirmó en su fe y dio gloria a Dios, plenamente convencido de que Dios tenía poder para cumplir lo que había prometido.

—Romanos 4.18–21

La fe no es lógica. Pero tampoco es ilógica. La fe es teológica. No ignora la realidad; sencillamente, añade a Dios a la ecuación. Abraham «se enfrentó a la realidad». Pero también estaba «plenamente convencido» de que Dios tenía el poder suficiente para cumplir su promesa. La fe no es una ignorancia carente de lógica, sino que se niega a limitar a Dios a las restricciones de la parte izquierda del cerebro.

Piénsalo de esta manera. La lógica pone a Dios en tela de juicio. La fe pone en tela de juicio nuestros supuestos. Y a fin de cuentas, la fe consiste en confiar en Dios más de lo que confiamos en nuestros propios supuestos.

Por eso, permíteme que te haga una pregunta: ¿cuál es el techo de dos metros y medio que le has puesto a Dios? ¿Qué promesas has llegado a creer que nunca se cumplirán? ¿Cuáles son esos supuestos que te mantienen enjaulado?

Un supuesto muy corriente entre los que nos mantienen enjaulados es este: *Ya estoy demasiado viejo.* Ese es el supuesto que tuvo que retar Abraham. Él ya tenía cien años de edad. «Su cuerpo estaba como muerto». Pero siguió esperando contra toda esperanza.

En la NCC sostenemos este valor básico: Nunca es demasiado tarde para convertirte en quien deberías haber sido. La Biblia está repleta de gente que floreció tarde en la vida. Jesús tenía treinta años antes de pasar de la carpintería al ministerio. Moisés no asumió el liderazgo sino hasta que ya era octogenario. Y Noé tenía más de quinientos años cuando construyó el arca.

Por mucha edad que tengas, si aún respiras, eso significa que Dios no ha terminado contigo todavía.

Entre mis héroes se encuentra una mujer llamada Harriet Doerr. En unos tiempos en los que la mayoría de las mujeres ni siquiera pensaban en hacer estudios universitarios, ella soñaba con graduarse. Sin embargo, las circunstancias de la vida se lo impidieron. Primero el dinero, luego el matrimonio y después los hijos, impidieron que alcanzara su meta. Pero el sueño nunca murió. Harriet ganó su licenciatura en Stanford cuando tenía ya sesenta y siete años de edad. Y escribió su primera novela, *Stones for Ibarra* [Piedras para Ibarra] cuando tenía setenta y tres. Y no solo se la publicaron, sino que ganó en 1984 el Premio Nacional al Libro.

Me encanta la opinión de Harriet acerca de lo que es envejecer. «Una de las mejores cosas que tiene la vejez, es que podemos ver cómo la imaginación se apodera de la memoria».

Si te mantienes dentro de la jaula de tus supuestos, será tu memoria la que se apoderará de tu imaginación. Si te lanzas a la caza del Ave Salvaje, tu imaginación se apoderará de tu memoria.

ESTÉS LISTO O NO

Nunca se es demasiado viejo para lanzarse a la caza del Ave Salvaje. Por supuesto, nunca se es *demasiado joven* tampoco. Nuestra experiencia nos lleva a otro falso supuesto que nos mantiene enjaulados. David era un muchacho cuando peleó contra Goliat. La mayoría de los expertos piensan que María era una adolescente cuando dio a luz a Jesús. Y es probable que los discípulos tuvieran veintitantos años. Si la edad o la experiencia fueran cualidades requeridas, ninguno de ellos habría hecho lo que hizo.

Según mi experiencia, a Dios le encanta usarnos antes que sintamos que estamos listos. De hecho, ni siquiera estoy seguro de que el mismo Jesús pensara que estaba listo para hacer la transición de la carpintería al ministerio. ¿Recuerdas lo que dijo en las bodas de Caná antes de realizar su primer milagro? «Todavía no ha llegado mi hora» (Juan 2.4). Se siente un poco de titubeo, ¿no es verdad? A mí esto me parece fascinante y alentador.

Comprendo que esta afirmación de Jesús tiene un significado más profundo. Y Jesús estaba esperando a revelar su poder cuando el Espíritu Santo lo enviara a ministrar. Pero eso no niega el hecho de que Jesús sintiera que aún no estaba preparado. Y yo me puedo identificar con esa sensación de no estar preparado. Hizo falta que la madre de Jesús lo empujara un poco, para lograr que superara sus titubeos humanos y entrara a su llamado divino.

Yo no estaba listo para ser un hombre casado. Lora y yo no estábamos listos para tener hijos. Al fin y al cabo, nosotros mismos aún éramos muchachos. Y ciertamente, yo no estaba listo para pastorear la National Community Church. Claro, había asistido a un gran número de clases. Pero la única experiencia que tenía en mi currículum vitae eran unas prácticas hechas en un solo verano, ¡y todo lo que hice fue organizar la liga de softball para hombres!

Aquí es donde quería llegar: nunca vas a estar listo.

LAS PRESUNCIONES PERSONALES

Cuando recuerdo mi propia caza del Ave Salvaje en el pasado, veo que los momentos definidores de mi vida son aquellos en los cuales desafié mis suposiciones y tuve que tomar una decisión: o seguir aferrado a esos supuestos, o aferrarme a Dios. ¡No se pueden hacer las dos cosas!

Supuesto: *No tiene sentido renunciar a una beca completa en una universidad de primera.*

La Universidad de Chicago pagó mis gastos para que estudiara. Al terminar mi primer año, tenía un puesto de entrada en el equipo de baloncesto. Y la Universidad de Chicago era la tercera escuela del país aquel año desde el punto de vista académico. En realidad, era un arreglo perfecto. No tenía sentido que renunciara a esa beca. Y decididamente, el Ave Salvaje tuvo que dedicarse un poco a tirar de mí, hacerme insinuaciones y darme avisos. Pero al final, renuncié a mis supuestos en cuanto a estudios y profesión, hice la transferencia al Central Bible College y comencé a prepararme para el llamado de mi vida.

No habría cambiado por nada el tiempo que pasé en la Universidad de Chicago. Pero si nunca hubiera desafiado ese supuesto, jamás hubiera estado preparado para fundar una iglesia a los veintiséis años. Si me hubiera quedado, la Universidad de Chicago se habría convertido para mí en una jaula.

Supuesto: Los cines son opciones
para alquilar a corto plazo.

Yo entré en la labor de fundar iglesias con la mentalidad tradicional: reunirme en unas instalaciones alquiladas hasta que se pueda comprar o edificar una iglesia. Entonces comenzamos a reunimos en los cines de la Union Station. Teníamos sillas cómodas, pantallas inmensas y olor a palomitas de maíz todos los fines de semana. ¿Para qué tener una iglesia? Además de esto, las propiedades en Capitol Hill tienen un valor de diez millones de dólares el acre. En algún momento dejamos de considerar los cines como opciones de alquiler a corto plazo, y se convirtieron en nuestra estrategia multisitios a largo plazo.

Nuestra visión de reunimos en los cines situados junto a las paradas del Metro en toda la zona del DC es un reto al supuesto de que se necesita un edificio para que la iglesia crezca. Y ese supuesto ha sido desafiado por todo el país. En la actualidad, son centenares las iglesias que se reúnen en un cine cercano a tu casa. Y yo sueño con el día en que haya una iglesia reuniéndose en cada uno de los cines de todos los Estados Unidos.

No te quedes en la jaula, solo porque nunca antes se han hecho así las cosas.

Supuesto: Las iglesias no construyen cafeterías.

Construir una cafetería antes que una iglesia parece algo contrario a toda intuición. Entonces, ¿por qué lo hicimos? Porque Jesús no se pasaba la vida en las sinagogas solamente. También iba a los pozos. Los pozos no eran únicamente lugares donde se iba a sacar agua; eran lugares naturales de reunión en las culturas antiguas. Las cafeterías son los pozos posmodernos.

Celebrar cultos en ambientes al estilo de la plaza del mercado forma parte de nuestro ADN en la NCC. Y construir una cafetería fue una forma de crear un «tercer lugar», para usar la expresión sociológica acuñada por Ray Oldenburg. Queríamos crear un lugar, que no fuera el trabajo ni el hogar, donde se pudieran cruzar los caminos de la iglesia y la comunidad. Cada día servimos a centenares de clientes. Y no solo servimos café; servimos a Cristo. Muchos de nuestros clientes terminan conectándose con Cristo en uno de nuestros cultos de cafetería.

No estoy seguro de saber cuáles son los supuestos que tú necesitas desafiar. Pueden ser difíciles de identificar. Sin embargo, en la mayoría de nuestros casos, son nuestra inexperiencia, incapacidad o falta de conocimiento las que nos mantienen enjaulados. Nos sentimos incompetentes por algo que no hemos hecho, no podemos hacer, o no conocemos.

Si te sirve de aliento, te diré que ninguno de los miembros de nuestro personal había trabajado jamás en una cafetería cuando nosotros comenzamos esa caza del Ave Salvaje. No me malentiendas. Primero nos preparamos. Hicimos un plan de negocios. Y Christina Borja, nuestra gerente de negocios convertida en gerente de cafetería, estuvo trabajando en Starbucks durante seis meses para aprender el negocio. Pero carecíamos por completo de experiencia y de conocimientos cuando compramos la propiedad y comenzamos a edificar nuestra cafetería. No teníamos razón alguna aparente para meternos en el negocio de las cafeterías. Pero no dimos por supuesto que nuestra inexperiencia, incapacidad o falta de conocimiento nos debían impedir que hiciéramos lo que sabíamos que el Espíritu Santo nos había llamado a hacer.

Si quieres más aventura en tu vida, sal de la jaula de tus supuestos. No des por sentado que tú no puedes comenzar ese negocio, ni escribir ese libro, ni superar esa adicción, o conseguir ese trabajo, o salvar tu matrimonio. Deja de suponer y comienza a creer.

«DE LO QUE SOY CAPAZ»

Me parece que la gente que Dios más usa es la que tiene menos supuestos. Josué no supuso que el sol no se podía detener. Eliseo no supuso que la cabeza de hierro de un hacha no puede flotar. María no supuso que las vírgenes no pueden quedar embarazadas. Pedro no supuso que él no podía caminar sobre el agua. Y Jesús no supuso que los muertos no pueden volver a la vida.

Cuando ponemos en Cristo nuestra fe, le estamos permitiendo al que cambió la estructura molecular del agua para convertirla en vino que redefina lo que es posible, y lo que no. Y eso lo cambia todo, porque «todo lo puedo en Cristo que me fortalece» (Filipenses 4.13).

Cuando estaba en el octavo grado, un equipo de visitación de nuestra iglesia llegó a nuestra casa para orar, y preguntó si había algo en lo que pudieran «estar de acuerdo en oración» con nosotros. Yo había tenido asma desde los tres años, y había estado hospitalizado media docena de veces con complicaciones en los pulmones. Así que nos tomamos de las manos y oramos para que Dios sanara mi asma.

Bueno, todavía tengo asma. Pero como resultado de la visita de ese equipo, sí pasó algo notable que nunca olvidaré. A la mañana siguiente, cuando me desperté, ¡todas las verrugas que tenía en los pies habían desaparecido! No es broma. Mi primer pensamiento fue que seguramente se habrían confundido en el momento de orar. ¿Había respondido Dios la oración que no era? Tal vez alguien en algún otro lugar está respirando magníficamente, pero todavía tiene verrugas en los pies. Me parecía que había habido alguna confusión entre mi casa y el cielo. No recibí lo que había pedido.

Y entonces fue cuando oí lo que describiría como la voz inaudible, pero inconfundible, de Dios: *Solo quería que supieras de lo que soy capaz.*

No experimento milagros así a diestra y siniestra. Me imagino que mi promedio de bateo en la oración no es mejor que el tuyo. Y no escucho la voz de Dios con tanta frecuencia ni con tanta claridad como quisiera. Pero es difícil dudar después de una experiencia como esa. Dios no siempre responde mis oraciones como yo quiero, ni cuando yo quiero. Pero sí vivo mi vida con esta convicción fundamental: Sé de lo que Dios es capaz.

LO MEJOR QUE PUEDO HACER

Durante estos últimos meses, hay un pensamiento que me ha venido una y otra vez a la mente: *No quiero vivir mi vida de una manera tal, que lo mejor que pueda hacer sea lo mejor que pueda hacer.* Con sinceridad, lo mejor que yo pueda hacer no es suficientemente bueno.

Cuando no oro, lo mejor que puedo hacer es lo mejor que puedo hacer. Estoy renunciando a mi potencial espiritual. En cambio, cuando oro, lo mejor que puedo hacer ya no es lo mejor que puedo hacer. Ahora, lo mejor que puedo hacer es lo mejor que *Dios* puede hacer. Y Él puede hacer incalculablemente más que todo lo que yo puedo pedir o imaginar (Efesios 3.20). La oración es una de las maneras en las que superamos nuestros supuestos y nos escapamos de nuestras limitaciones en el espacio y el tiempo.

Cuando no doy, lo mejor que puedo hacer es lo mejor que puedo hacer. Estoy manteniendo a Dios fuera de la ecuación de mis finanzas. Pero cuando diezmo, me estoy manteniendo firme sobre las promesas de Dios (Malaquías 3.10). Y según mi experiencia, Dios puede hacer más con el noventa por ciento, que yo con el cien por ciento. Además, diezmar no es solamente llevar una buena mayordomía, sino que convierte el manejo del dinero en una aventura financiera.

Cuando Lora y yo nos casamos, tomamos la decisión de que nunca dejaríamos de diezmar. Le devolvemos a Dios el primer diez por ciento de todo lo que ganamos, porque creemos que le pertenece. Pero sinceramente, la verdadera aventura comenzó cuando empezamos a dar por encima del diezmo.

Inmediatamente después de mudarnos al DC, inicié un ministerio paraeclesiástico en el que teníamos que conseguir el dinero para cubrir nuestro presupuesto a base de viajar a las iglesias y pedir dinero en ellas. Vivimos de ofrenda en ofrenda hasta que comenzamos a dar más allá de lo que podíamos. Alrededor del momento en que alcanzamos el cincuenta por ciento del presupuesto, sentí que el Señor me indicaba que le diera una ofrenda a otro ministerio paraeclesiástico de la ciudad.

En un nivel humano, aquello no tenía sentido. ¿Cómo puede uno dar lo que no tiene? Yo habría podido justificar con toda facilidad el haber esperado hasta que termináramos de recoger todo nuestro presupuesto, pero sabía que si no obedecía aquel impulso divino, nunca vería dónde nos llevaría la caza del Ave Salvaje. Aún recuerdo las emociones encontradas que sentía mientras escribí aquel cheque de trescientos cincuenta dólares. Sentía dolor y gozo a la vez. Era difícil hacer aquel cheque, pero en mi espíritu, yo sabía que Dios iba a honrar nuestra fe financiera. Sellé el sobre, fui caminando a la oficina de correos cercana a mi oficina y lo eché en el buzón que tenían afuera. Luego entré para recoger mi correspondencia. Dentro de mi apartado de correos había un cheque por diez mil dólares.

Algunas veces no sabemos hacer la línea de puntos que une nuestra fe con la fidelidad de Dios, pero cuando sesenta segundos es todo lo que separa nuestra ofrenda de la bendición de Dios, es difícil no darse cuenta. Y lo que aprende uno es que cuando da más allá de lo que puede dar, Dios lo bendice también más allá de lo que uno espera recibir. No me malentiendas. Dios no es una máquina de jugar con monedas. Si das movido por una razón incorrecta, Dios no va a honrar tu dádiva. Pero si tu motivación es correcta, entra en juego la ley de las medidas: «Con la medida que midan a otros, se les medirá a ustedes» (Lucas 6.38).

Es imposible darle a Dios más de lo que Él nos da a nosotros. Y no solo nos da, sino que nos da *más* de lo que nosotros dimos. Lo mejor que podemos hacer ya no es lo mejor que podemos hacer; lo mejor que podemos hacer es lo mejor que *Dios* puede hacer. Y Dios nos puede dar de una manera milagrosa unas ganancias sobre inversión del dos mil setecientos cincuenta y siete por ciento en sesenta segundos.

Dicho sea de paso, Abraham fue la primera persona en la Biblia de la que se sabe que diezmó (Génesis 14.17–24). Manejaba el dinero de la misma manera que el resto de su vida: por fe.

No permitas que la codicia o el temor te mantengan enjaulado. Vivir de manera generosa es demasiado divertido y emocionante. Somos demasiados los que permitimos que una mentalidad de escasez nos mantenga dentro de la jaula. Damos por sentado que mientras más demos, menos tendremos. Ese supuesto es contrario a la Biblia.

Diezmar es confiar. Y cuando pones a Cristo en el primer lugar en tus finanzas, vives con unas expectativas santificadas. Estás ansioso por ver las formas locas en las cuales el Ave Salvaje te va a proveer en tus necesidades.

EL QUE RÍE ÚLTIMO

Quisiera poderte decir que Dios siempre cumple sus promesas en sesenta segundos exactos. Algunas veces lo hace, pero lo más frecuente es que no lo haga.

Dios llamó a Abraham para que saliera de Ur cuando este tenía ya setenta y cinco años, pero Isaac vino a nacer cuando Abraham ya había cumplido los cien. Dios cumplió su promesa, pero se tomó veinticinco años en hacerlo. ¡Son trescientos meses, mil trescientas semanas, o nueve mil ciento veinticinco días!

Tal como el Señor lo había dicho, se ocupó de Sara y cumplió con la promesa que le había hecho. Sara quedó embarazada y le dio un hijo a Abraham en su vejez. Esto sucedió en el tiempo anunciado por Dios. Al hijo que Sara le dio, Abraham le puso por nombre Isaac. Cuando su hijo Isaac cumplió ocho días de nacido, Abraham lo circuncidó, tal como Dios se lo había ordenado. Abraham tenía ya cien años cuando nació su hijo Isaac. Sara dijo entonces: «Dios me ha hecho reír, y todos los que se enteren de que he tenido un hijo, se reirán conmigo. ¿Quién le hubiera dicho a Abraham que Sara amamantaría hijos? Sin embargo, le he dado un hijo en su vejez».

—Génesis 21.1–7

Esperar veinticinco años para que Dios cumpliera su promesa les debe haber parecido una eternidad a Abraham y Sara. Tiene que haber sido espiritualmente confuso y emocionalmente agotador. En aquella cultura, la esterilidad era considerada como una maldición. Y Sara no solo tenía que vivir con aquel estigma social, sino que me imagino que también tendría una sensación de dolor cada vez que tenía niños cerca. El sonido de las risas de los niños le sacaba lágrimas, porque le recordaba lo que ella quería, pero no podía tener.

Me pregunto si, a medida que pasaban los años, Abraham y Sara no habrán perdido algo las ganas de reír. Es difícil reír cuando uno siente una profunda tristeza que nunca lo deja. Y por eso el nombre de Isaac es tan adecuado. Isaac significa «risa». Para ser sincero, yo solía pensar que ese nombre era un castigo porque Sara se rió de Dios cuando le dijo que ella iba a tener un bebé (Génesis 18.12), pero he cambiado de manera de pensar, basado en las evidencias circunstanciales.

La risa de un niño no tiene precio. No hay nada que me produzca un gozo mayor que oír como se ríen mis hijos. Dios no es diferente. A Dios le encanta que nosotros nos riamos. E Isaac fue la forma que tuvo Dios de devolverles su risa a Abraham y a Sara. Él es el Dios que concibe la risa.

También pienso que el nombre de Isaac revela una dimensión del carácter de Dios. Cuando Sara se rió de lo que había dicho Dios, él reaccionó diciendo: «¿Acaso hay algo imposible para el Señor?» (Génesis 18.14). En parte, me pregunto si Dios no esperaría esos veinticinco años para que llegara el momento en que la idea de que Sara concibiera un bebé se volviera absolutamente inconcebible (el juego de palabras es hecho a propósito). Y entonces, atravesó aquel techo de dos metros y medio y demostró una vez más que para Él no hay nada que sea demasiado difícil. Isaac fue la manera que tuvo Dios de decir: «Soy yo el último que se va a reír».

TERRA INCÓGNITA

Dios no se limitó a bendecir a Abraham con un hijo. Abraham se convirtió en el padre de toda una nación. Y de esa nación salió el Salvador del mundo. Pero como sucede con todas las cazas del Ave Salvaje, todo comenzó con un pequeño paso de fe. «Por la fe Abraham, cuando fue llamado para ir a un lugar que más tarde recibiría como herencia, obedeció y salió sin saber a dónde iba» (Hebreos 11.8).

Abraham es el santo patrono de la caza del Ave Salvaje. No tenía ni idea de dónde iba, pero no permitió que aquello lo mantuviera enjaulado. Por fe, se aventuró hacia lo desconocido. Dejó tras sí a su familia, su hogar y sus supuestos.

En las afueras de la Union Station, en Washington DC, hay una gran estatua en honor a Cristóbal Colón. La placa que tiene debajo la estatua dice: «A la memoria de Cristóbal Colón, cuya gran fe y valor indomable le dieron a la humanidad un nuevo mundo».

En los bordes de los mapas medievales, los cartógrafos solían escribir la frase latina *terra incógnita* [tierra desconocida]. Los que se oponían a todo y los que solo anunciaban desastres, creían que si uno se aventuraba demasiado lejos en un territorio desconocido, o bien se caería por el borde de la tierra, que creían plana, o se tropezaría con dragones de dos cabezas. Sin embargo, eso no impidió que unas pocas almas valientes se aventuraran en aguas sobre las cuales no se habían hecho mapas.

En realidad, Colón estaba tratando de hallar una ruta por el oeste hacia las Indias, algo que muchos expertos consideraban imposible. Pero él desafió aquel supuesto y se embarcó en una caza del Ave Salvaje. Colón no era ningún santo. En su propio diario confesaría: «Yo no soy más que un pecador muy indigno». Pero también dejó claramente dicho que no habían sido la inteligencia, las matemáticas ni los mapas los que habían hecho que su viaje tuviera éxito. Le acreditó la idea al Espíritu Santo. «Fue el Señor el que puso en mi mente (pude sentir su mano encima de mí), el hecho de que era posible navegar desde aquí hasta las Indias. Todos los que oían hablar de mi proyecto lo rechazaban en medio de risas, ridiculizándome. No hay duda alguna de que la inspiración procedía del Espíritu Santo, porque Él me consoló con rayos de inspiración maravillosos procedentes de las Santas Escrituras»[17].

Esto es lo que más me impresiona sobre el primer viaje de Colón: ¡ni un solo miembro de la tripulación había estado jamás a más de quinientos kilómetros mar adentro!

En palabras de André Gide: «La gente no puede descubrir nuevas tierras mientras no tenga el valor de perder de vista la orilla».

El Ave Salvaje siempre nos está llamando a tierras desconocidas. Allí es donde encontramos las aventuras. Pero necesitas salir de la jaula de tus supuestos. Tienes que estar dispuesto a ir hasta algún lugar donde nunca has estado, o hacer algo que nunca has hecho. Y si tienes la fe suficiente para dar el primer paso, Dios será el que reirá último.

TU CAZA

- En el pasado, ¿cuándo hiciste alguna suposición falsa acerca de Dios, o de su voluntad para tu vida? ¿Cómo descubriste tu error?
- ¿Qué supuestos te parece que pudieran estar limitando la acción de Dios sobre tu vida en estos momentos? ¿Cómo puedes desafiar esos supuestos?
- ¿Cuáles son los riesgos que corres si te aferras a tus supuestos?
- ¿Qué significaría para tu vida el que tu imaginación se apoderara de tu memoria?
- ¿Hay algún aspecto de tu vida en el cual sientes que has perdido la risa? ¿Por qué? ¿Cómo piensas que la puedes recuperar?

CAPÍTULO 5

EL CANTO DE UN GALLO

Cómo salir de la jaula de la culpabilidad

> Tus peores días nunca son tan malos que
> llegues a estar fuera del alcance de su
> gracia. Y tus mejores días nunca son tan
> buenos, que llegues a estar fuera de la
> necesidad de la gracia de Dios. Todos los
> días deberían ser destinados a relacionarte
> con Dios solamente a partir de su gracia.
> —JERRY BRIDGES

Alrededor de los primeros años del siglo veinte, un psi-
cólogo y médico ruso llamado Iván Pavlov hizo ciertos

experimentos revolucionarios que lo hicieron ganador del Premio Nobel. Los perros segregan saliva de manera natural ante la comida, pero Pavlov quería ver si la salivación se podía causar a partir de otro estímulo. Como recordarás por alguna clase de ciencias de la secundaria, Pavlov condicionó a los perros tocando una campana antes de alimentarlos. Al final, solo tocar la campana, aunque no hubiera comida, bastaba en sí mismo para causarles la salivación. Pavlov le dio a esta relación aprendida el nombre de *reflejo condicionado*.

En un grado u otro, todos somos pavlovianos. Hemos sido condicionados de manera consciente o subconsciente durante toda nuestra vida. Y gran parte de nuestra conducta es dictada por esos reflejos condicionados.

Cada vez que lleno el tanque de gasolina de mi auto, miro instintivamente al espejo lateral mientras me alejo de la bomba de gasolina. ¿Por qué? Porque hace algunos años le arranqué una manguera a una bomba. Yo me preguntaba por qué todo el mundo se nos quedaba mirando mientras salíamos de la gasolinera. Entonces, oímos un ruido extraño detrás de nosotros que mientras más rápido íbamos, más grande se hacía. Era el sonido de la manguera de gasolina que iba a rastras del auto. Digamos solamente que confesarle esto al adolescente que trabajaba en la gasolinera se encuentra en un lugar muy alto dentro de mi lista de momentos más vergonzosos. Y aunque después de aquello he llenado el tanque de gasolina innumerables veces sin incidente alguno, siempre tengo una sensación subconsciente de que se me ha olvidado separar la manguera del tanque. En mi caso, esa comprobación final a través de retrovisor lateral es un reflejo condicionado.

Durante el transcurso de nuestra vida, adquirimos un elaborado repertorio de reflejos condicionados. Algunos de ellos son idiosincrasias menores, como la risa nerviosa o la sonrisa a medias. Otras se convierten en importantes rasgos de nuestra personalidad. Una personalidad crítica suele nacer de la inseguridad psicológica. Criticamos en los demás lo que no nos gusta en nosotros mismos. Algunos reflejos condicionados son tan naturales y normales como el de sonrojarse. Otros son tan destructivos como el de beber para ahogar las penas. Pero sean grandes o pequeños, conscientes o subconscientes, inofensivos o dañinos, una cosa sí es segura: estamos mucho más condicionarnos de lo que creemos. Y en parte, el crecimiento espiritual consiste en reconocer la forma en que hemos sido condicionados y permitirle a Dios que condicione de nuevo aquellos reflejos que necesiten un cambio.

Cuando pecamos, la culpabilidad es un reflejo saludable y santo. Gracias a Dios, la convicción que produce en nosotros su Espíritu Santo es la que nos lleva al arrepentimiento. Pero algunos reflejos condicionados son como camisas de fuerza psicológicas que nos inmovilizan en cuanto a las emociones, las relaciones y la vida espiritual. La culpabilidad falsa es un gran ejemplo de esto.

En el momento en que le confesamos a Dios nuestro pecado, Él lo perdona y lo olvida (Hebreos 8.1). Sin embargo, para la mayoría de nosotros es mucho más fácil aceptar el perdón de Dios, que perdonarnos a nosotros mismos. ¿Por qué? Porque podemos perdonar pero, a diferencia de Dios, no podemos olvidar. Si no permitimos que la gracia de Dios sature y santifique nuestra pecaminosa memoria, seguimos experimentando una falsa culpabilidad con respecto a un pecado ya confesado. Nos obsesionamos tanto con los errores del pasado, que nos perdemos las oportunidades del futuro. Pensamos erradamente que nuestros errores nos descalifican en cuanto a que Dios nos pueda usar. Y nuestros sentimientos de culpabilidad se convierten en la jaula que impide que nos lancemos tras el rastro del Ave Salvaje.

Tanto si estás experimentando una culpabilidad auténtica que es consecuencia de un pecado no confesado, o una culpabilidad falsa que es consecuencia de un pecado ya confesado, ambas formas de culpabilidad embotan tu sentido espiritual de aventura. Y no vas a poder ir a la caza del Ave Salvaje mientras no superes tus sentimientos de culpabilidad. La buena noticia es que hay perdón y libertad para nosotros, debido a lo que Cristo logró en la cruz. Y si recibes su gracia, no solo condicionará de nuevo tus reflejos espirituales, sino que transformará tu vida.

Y aquí Pedro hace su entrada en escena.

UNA PUNZADA DE REMORDIMIENTO

Observar las Escrituras a través del filtro de Iván Pavlov es un ejercicio interesante. Y Pedro en particular se convierte en un fascinante estudio de caso.

Prendieron entonces a Jesús y lo llevaron a la casa del sumo sacerdote. Pedro los seguía de lejos. Pero luego, cuando encendieron una fogata en medio del patio y se sentaron alrededor, Pedro se les unió. Una criada lo vio allí sentado a la lumbre, lo miró detenidamente y dijo:

—Este estaba con él.

Pero él lo negó.

—Muchacha, yo no lo conozco.

Poco después lo vio otro y afirmó:

—Tú también eres uno de ellos.

—¡No, hombre, no lo soy! —contestó Pedro.

Como una hora más tarde, otro lo acusó:

—Seguro que éste estaba con él; miren que es galileo.

—¡Hombre, no sé de qué estás hablando! —replicó Pedro.

En el mismo momento en que dijo eso, cantó el gallo. El Señor se volvió y miró directamente a Pedro. Entonces Pedro se acordó de lo que el Señor le había dicho: «Hoy mismo, antes de que el gallo cante, me negarás tres veces.» Y saliendo de allí, lloró amargamente.

—Lucas 22.54–62

A lo largo de los años he leído la historia de las negaciones de Pedro un número incontable de veces, pero no hace mucho, me vino a la mente un pensamiento pavloviano: *Me pregunto si Pedro sentiría una punzada de remordimiento cada vez que oía cantar a un gallo.*

¿Has notado la forma en que los estímulos diferentes despiertan recuerdos distintos? Hay cosas al parecer insignificantes que cuando las vemos, oímos u olemos, pueden evocar unos poderosos recuerdos. Aunque ya no lo hacen con mucha frecuencia, cada vez que ponen en la radio la canción «You Got It» [Lo tienes] vuelvo de inmediato a una de mis primeras citas con Lora, íbamos en auto con rumbo norte por Lakeshore Drive, desde la Universidad de Chicago hacia el centro de la ciudad cuando escuchamos por vez primera esa canción. O si huelo lilas, me transporto a través del tiempo y el espacio al huerto de mi abuela en Fridley, Minnesota.

Por eso me pregunto si el canto de un gallo no tendría la misma clase de efecto sobre Pedro. Él había abandonado a Jesús cuando más lo necesitaba. Y tengo que pensar que aquel sonido despertaba algo en la corteza auditiva de su cerebro. Tenía un efecto pavloviano sobre él. Cada vez que oía cantar a un gallo, Pedro estaba inmediatamente de vuelta en su jaula de culpabilidad.

Creo que esta es una de esas historias de la Biblia que a los que viven en los barrios urbanos y suburbanos les es difícil apreciar en su plenitud. Yo vivo en la ciudad, así que me despierto con los sonidos citadinos: los camiones de la basura, las alarmas de los autos y las sirenas de la policía. Me imagino que la población de gallos del DC es cero. Pero si alguna vez has viajado a un país del tercer mundo, sabrás que los gallos aún dominan el corral.

Nunca olvidaré cuando me desperté por la mañana en la isla de Isabela, en las Galápagos. Fue como despertarse oyendo a un coro de gallos. En la isla había más gallos que seres humanos. ¿Acaso no se suponía que debían esperar a que saliera el sol para cantar? Esos gallos, no. Nada de reloj interno, ni de botones que apretar para seguir durmiendo. Tuve un incómodo despertar en el mismo medio de un ciclo REM (el movimiento ocular rápido o sueño REM).

Imagínate cómo deben haber sido las cosas para Pedro, que se despertaba con el canto de un gallo cada mañana. ¡Vaya manera de comenzar el día! El recuerdo diario del mayor de sus fallos.

Las Escrituras dicen que Satanás «ronda como león rugiente» (1 Pedro 5.8). Pues a mí me parece que también canta como los gallos. Satanás es el acusador de los hermanos (Apocalipsis 12.10), y sus tácticas no han cambiado desde el jardín del Edén. Lo que quiere es traerte a la mente tus mayores fallos una y otra vez. ¿Por qué? Porque si centras todas tus energías en tus fallos del pasado, no te van a quedar energías para soñar sueños del reino, o buscar el cumplimiento de los propósitos del Reino. Satanás te quiere convertir en un reaccionario. Jesús vino para condicionar de nuevo tus reflejos espirituales por medio de su gracia. Y cuando su gracia te haya condicionado de nuevo, te convertirás en un revolucionario por su causa.

EL PRIMERO DE LOS PECADORES

Hace algunos años, un buen amigo mío cayó en prisión por algunos delitos que tuvo el valor de confesar. Y la vida de la prisión se cobró definitivamente su precio. Cumplió cerca de siete años de su sentencia, pero pienso que envejeció por lo menos catorce años. En verdad, la prisión no formaba parte de su plan para la vida. Y fue un camino largo y solitario. Sin embargo, sus años en prisión se convirtieron en una especie de caza del Ave Salvaje.

Mientras estaba en prisión, intercambiábamos cartas cada varios meses, además de algunas conversaciones por teléfono de vez en cuando. Y lo que me maravillaba era que se negaba a sentir lástima de sí mismo. No culpaba a Dios por los errores que había cometido. Y aunque su cuerpo estaba dentro de la prisión, su espíritu estaba libre, por obra de la gracia de Dios. Mi amigo hasta tenía la audacia de referirse a la prisión como una oportunidad disfrazada. Sacó su diploma de estudios secundarios. Dirigió cultos en la capilla, y halló incontables oportunidades de compartir su fe con otros presos.

Mi amigo habría podido endurecer su corazón y vivir el resto de su vida metido en una jaula de culpabilidad. Sus errores lo habrían podido llenar de un pesar y un remordimiento sin límites. Y sin embargo, son muy pocas las personas que conozco que tengan una apreciación mayor por la gracia de Dios. Y es la gracia de Dios la que ha ayudado a mi amigo a mantener blando su corazón y seguir siendo optimista ante la vida.

La historia de mi amigo me recuerda la del apóstol Pablo. Nadie ha escrito con mayor elocuencia acerca de la gracia de Dios. Y la razón es sencilla. Según él mismo admitía, él era el primero de los pecadores (1 Timoteo 1.15). No puedo menos que preguntarme si solo es posible alcanzar las alturas de la gracia después de haber pasado por las profundidades de la culpabilidad. En palabras de C. S. Lewis: «Cuando un hombre se va haciendo mejor, va comprendiendo cada vez más la maldad que aún queda dentro de él. Cuando un hombre se va haciendo peor, comprende cada vez menos su propia maldad». Si comprendes eso, es que estás mejorando. Si no lo comprendes, no estás mejorando.

Me temo que nuestra manera terapéutica de enfocar la fe a veces haga que tratemos de reducir al mínimo nuestra pecaminosidad, en un intento humano por sentirnos mejores con respecto a nosotros mismos. Pero todo lo que eso hace es crear un cortocircuito en nuestra comprensión y valoración de la gracia de Dios. No podremos apreciar en toda su plenitud la gracia de Dios mientras no hayamos comprendido en toda su plenitud nuestro pecado. Entonces, y solo entonces, podremos lanzarnos con pasión a la caza del Ave Salvaje y de su voluntad para nosotros.

REACCIONA COMO CRISTIANO

Según mi experiencia, es mucho más fácil *actuar* como cristiano, que *reaccionar* como cristiano. La mayoría de nosotros somos buenos actores, y podemos desempeñar bien nuestro papel. Pero nuestras reacciones son las que revelan quiénes somos en realidad. Y tal vez por eso Jesús centraba tanto su enseñanza en el recondicionamiento de los reflejos.

Oren por quienes los persigan.

Amen a sus enemigos.

Bendigan a los que los maldicen.

Si alguien los obliga a caminar una milla, vayan dos millas con él.

Si alguien los abofetea en la mejilla derecha, vuélvanle también la otra mejilla (Mateo 5.39, 41, 44; Lucas 6.27–28). ¿Cuál es tu reacción natural cuando alguien te abofetea? Sientes ganas de abofetearlo tú a él, ¿no es cierto? Pero la reacción sobrenatural es contraintuitiva y contrarreactiva a la vez. Jesús nos enseñó a presentar la otra mejilla. Considéralo como un ejercicio de aikido espiritual. Absorbemos la energía pecaminosa de los demás y la convertimos en la reacción de un justo. Así, la persecución se convierte en un catalizador para la oración. El odio inspira amor. Y convertimos las maldiciones en bendiciones (1 Pedro 3.9).

¿Existe alguien en tu vida que despierta lo peor de tu personalidad? Cuando estás cerca de esa persona, reaccionas de formas que lamentas más tarde. O tal vez se trate de alguien que te altera o te incomoda con su sola presencia. Este es mi consejo: ¡Ora por esas personas! No hay nada que condicione de nuevo nuestros reflejos espirituales como la oración. Comienza a orar por las personas difíciles que hay en tu vida, y la oración cambiará tu manera de sentir sobre ellas.

¿Alguna vez te has preguntado cómo Jesús pudo perdonar a Pedro después de su traición? Nosotros damos por sentado que Jesús lo iba a perdonar porque es el Hijo de Dios. Pero veamos: su mejor amigo lo había abandonado en el peor momento posible. Si tú fueras Jesús, ¿no te sentirías tentado a estar por lo menos un poco resentido con él, y sacar a la luz ese resentimiento de vez en cuando? Entonces, ¿cómo pudo Jesús perdonarlo? ¿Cómo lo perdonó de una manera tan abierta y total? Creo que la respuesta es sorprendentemente sencilla: Jesús oró por Pedro. «Simón, Simón, mira que Satanás ha pedido zarandearlos a ustedes como si fueran trigo. Pero yo he orado por ti, para que no falle tu fe» (Lucas 22.31, 32).

Y orar para perdonar a los demás, no solo nos hace sentir mejor con respecto a ellos, sino que nos mantiene en el camino de la aventura espiritual.

Cuando nuestra iglesia compró la propiedad donde se halla ahora nuestra cafetería de Capitol Hill, estábamos aceptando un posible riesgo. Si fallaban nuestros esfuerzos por lograr un cambio de zona de la propiedad de residencial a comercial, no podríamos edificar. En general, teníamos una maravillosa comunidad que nos respaldaba, puesto que íbamos a convertir una casa abandonada y ruinosa en una cafetería. Pero durante el proceso de cambio de zonificación descubrimos que algunos vecinos influyentes habían decidido oponerse a nuestros esfuerzos debido a una mala información acerca de lo que teníamos pensado hacer. Yo seguí un enlace hasta un portal de la web donde habían puesto cosas bastante denigrantes acerca de la NCC. Y para serte sincero, me enojé. Su oposición tenía el potencial de socavar nuestro sueño de edificar una cafetería, y cada vez que lo pensaba, mi enojo crecía. Pero de alguna forma, Dios me dio la gracia de orar acerca de aquello cada vez que me venía el enojo. Es lo más cerca que he estado de orar sin cesar.

Le doy gracias a Dios por esa válvula para liberar la presión que se llama oración. No sé lo que habría hecho si no hubiera tenido una válvula de escape para mi ira. Comencé a orar por la gente que se nos estaba oponiendo, y nunca olvidaré cómo me sentía cuando entré a nuestra vista de zonificación unos pocos meses más tarde. No tenía animosidad alguna contra los que se nos oponían. En absoluto. Pude sonreír con sinceridad y saludarlos sin hipocresías, porque la gracia de Dios había condicionado de nuevo mis reflejos. De hecho, sentí una inexplicable compasión por la gente que se nos oponía.

Al final, la oposición perdió fuerza. Solo se presentaron tres personas para oponerse al cambio de zona, mientras que más de un centenar de personas que nos apoyaban llenaron por completo la sala donde se reunía el comité. Y no solo ganamos una aprobación unánime, sino que una de las personas que se nos oponían es ahora cliente regular en Ebenezers.

Aquella dura experiencia fue emocional y espiritualmente agotadora para mí. Pero cuando terminó, le di gracias a Dios por la oposición que se nos había enfrentado. Eso fue lo que nos impulsó a actuar. Unificó a nuestra iglesia. Y yo descubrí que los ataques del enemigo se vuelven contraproducentes para él cuando nosotros los contraatacamos con oración.

Así que gracias a Dios por la oposición. Nos fuerza a orar como si todo dependiera de Dios, y en realidad así es. Y recondiciona nuestros reflejos en el transcurso del proceso.

ATRAPADA EN EL ACTO

En la National Community Church tenemos entre nuestros valores básicos el siguiente: *Ama a las personas cuando menos se lo esperen y menos se lo merezcan.* Ese era el modus operandi de Jesús. Él andaba siempre tocando a los leprosos, comiendo con los recaudadores de impuestos, conversando con los samaritanos y haciendo amistad con las prostitutas.

¿Recuerdas la mujer atrapada en adulterio? Ese sí que fue un momento de vulnerabilidad. ¿Podemos decir que fue vergonzoso? Aquella mujer fue atrapada literalmente en el acto. Entonces, los líderes religiosos la llevaron a la fuerza hasta los atrios del templo, recogieron piedras y le hicieron a Jesús una pregunta al estilo de «Trampa 22»: «Maestro, a esta mujer se le ha sorprendido en el acto mismo de adulterio. En la ley Moisés nos ordenó apedrear a tales mujeres. ¿Tú qué dices?» (Juan 8.4–5).

Según las leyes levíticas, aquella mujer merecía morir. Y me imagino que en parte, eso era lo que ella quería en aquellos momentos. Imagínate su humillación y su vergüenza. Pero Jesús hizo lo que sabe hacer. Amó a la mujer cuando ella menos se lo esperaba, y cuando menos se lo merecía. Salió en defensa de una mujer indefensa. Y su respuesta fue brillante y compasiva a la vez: «Aquel de ustedes que esté libre de pecado, que tire la primera piedra» (Juan 8.7).

Uno tras otro, los que acusaban a la mujer fueron dejando caer sus piedras y se marcharon, comenzando por los de más edad, a quienes les siguieron los más jóvenes. La única persona que quedó, la única persona que tenía el requisito que Él había establecido, era Jesús mismo. Entonces le dijo a la mujer: «Ahora vete, y no vuelvas a pecar» (Juan 8.11). Y así se marchando aquella mujer de las páginas de las Escrituras.

Una de las razones por las que espero ansioso el cielo, es porque quiero escuchar el resto de la historia. Quiero saber qué le sucedió a aquella mujer. O ya que estamos en esto, ¿qué le sucedió al paralítico cuyos cuatro hermanos rompieron el techo de la casa para bajarlo hasta donde estaba Jesús? ¿O a la hija de Jairo, a quien Jesús levantó de entre los muertos? ¿O al muchacho que le dio a Jesús cinco panes y dos peces? ¿O al hombre del cual Jesús echó fuera una legión de demonios? Todos ellos desaparecieron de las páginas de las Escrituras. Y solo la eternidad nos contará el resto de la historia.

Pero tengo la corazonada de que la mujer atrapada en el acto de adulterio nunca volvió a ser la que era antes. Claro, todavía tuvo que vivir con las consecuencias de su pecado y reconstruir su vida. Pero Jesús convirtió aquel instante de vulnerabilidad en el momento definidor de su vida. La gracia le dio la oportunidad de un nuevo comienzo.

LOS MOMENTOS DE VULNERABILIDAD

Mi abuelo falleció cuando yo tenía seis años, pero antes de morir, ya había causado un profundo impacto en mi vida. Él fue quien me hizo ver por primera vez lo que era la gracia.

Tenía una colección de fósiles que era poco común y valiosa; era la única cosa que yo no podía tocar cuando íbamos a la casa de mis abuelos. Era mi árbol del conocimiento del bien y del mal. Y a mí, me puedes llamar Adán. Un día no me pude resistir a la tentación de tomar uno de los fósiles. Nunca olvidaré lo que sentí cuando se me deslizó de las manos. Aquel fósil no fue lo único que se hizo añicos cuando cayó al suelo; también se hizo añicos mi corazón infantil de cuatro años. Décadas más tarde, aún puedo sentir aquellas intensas emociones.

Yo sabía que lo que había hecho estaba mal. Y esperaba y merecía que se me disciplinara. Por eso, no estaba preparado en absoluto para la bondadosa reacción de mi abuelo. Entró a la habitación, contempló lo que había sucedido, me levantó y me dio un abrazo. No me regañó. No me dijo que estaba mal lo que yo acababa de hacer. Todo lo que hizo fue cargarme. Su abrazo fue el más bondadoso que haya recibido jamás. Y, sin que él me dijera una sola palabra, lo oí decir en voz alta y con toda claridad: «Mark, tú eres muchísimo más valioso para mí que una colección de fósiles».

Si quieres causar un impacto en la vida de alguien, ámalo cuando él menos se lo espere y menos se lo merezca. Cuando alguien comete un fallo, tienes ante ti una oportunidad para causar en su vida un impacto que nunca desaparecerá. Tal vez pienses: *Pero si no se lo merece.* Eso es precisamente lo que estamos diciendo, ¿no es cierto? ¿O acaso te mereces *tú* la gracia de Dios?

Por supuesto, no estoy diciendo que no necesites discernimiento. Y hay momentos en los que la disciplina da más fruto que dejar que la persona se libre de lo que merece. Pero me pregunto si no tendremos temor de amar a la gente cuando no se lo merezca, porque eso se podría considerar como una aprobación tácita de sus acciones. Eso no impide que Dios nos ame a nosotros cuando menos lo esperemos y menos lo merezcamos. De hecho, cuando mejor actúa Dios es cuando peor actuamos nosotros. «Cuando todavía éramos pecadores, Cristo murió por nosotros» (Romanos 5.8).

La mayoría de nosotros sabemos amar a la gente cuando todo va bien. Por ejemplo, cumplir con la parte de los votos matrimoniales que se refiere a los buenos momentos de la vida es bastante fácil. La que se refiere a los peores es la que siempre nos atrapa. Cuando Lora está en sus mejores momentos, yo actúo bien. En cambio, cuando ella está en sus peores momentos (hablando hipotéticamente, por supuesto), con frecuencia lo que sale al exterior es lo peor de mi personalidad. ¿Por qué? Porque tenemos tendencia a reaccionar. Y entonces es cuando me siento fracasado como esposo, padre y líder. Pierdo los estribos o pierdo la paciencia. Y reacciono diciendo o haciendo algo que más tarde lamento. Según mi experiencia, las cosas que más lamentamos suelen ser nuestras peores reacciones. Pero Dios nunca actúa de una manera distinta a la que define su carácter. Asombroso, ¿no es cierto? Entre todas las cualidades de nuestro Padre celestial, me parece que su paciencia debe ser la más impresionante.

El amor de Dios es activo. No espera a que nosotros nos enderecemos, sino que es Él siempre quien da el primer paso. Y nos llama a nosotros a dar el siguiente.

Hace algunos años reté a los miembros de nuestra iglesia a amar a alguien cuando menos se lo esperara y menos se lo mereciera. Después, recibí este correo electrónico de un miembro de la NCC que aceptó aquel desafío:

En estos momentos estoy en un avión con rumbo al oeste para encontrarme con un hombre al cual no he visto en veinte años. Ese hombre es mi padre. Uno de sus sermones comenzó el proceso que me trajo hasta este punto. Se me hizo evidente que la cosa que más temía en la vida era el abandono. Este temor les daba forma a todos los aspectos de la manera en que veía el mundo. En mi corazón siempre ha habido una sensación de que si trataba de amar a alguien, mi amor no sería aceptado, y después esa persona me abandonaría. Esa manera mía de percibir las cosas ha estado creando cortocircuitos en todas las relaciones importantes que he tenido. Gracias a su sermón, pude comprender cuál era la raíz de esta manera tan destructiva de pensar y comencé a hacer algo para arreglar mi situación.

Puedo recordar un profundo período de dos semanas anterior al día en que cumplí treinta años, durante el cual batallé con una pregunta: «¿Me he pasado los últimos treinta años, la mayoría del tiempo odiando a todo y a todos?». No pude responder a esa pregunta de una manera definitiva. Al recordar mi pasado, veía la carnicería de sufrimiento y destrucción que había dejado a mi paso.

Su mensaje me reveló la forma de eliminar de mi vida esa ancla que estaba impidiendo que lograra lo que Dios me tiene preparado. Si me decidía a amar a alguien que fuera «quien menos lo esperaba y menos se lo merecía», esa persona tenía que ser mi padre. Así que, aquí estoy en un avión, viajando para ir a encontrarme con un hombre que vi por última vez en 1983, confiando en el Señor y queriendo ver la forma tan completa en que su obra se está realizando en todo mi corazón.

¿Hay alguien en tu vida a quien necesites perdonar? Yo no tengo idea alguna de quién pueda ser. Y tampoco tengo idea de la forma en que te hirió. Pero sí te puedo decir sin temor a equivocarme que necesitas perdonar a esa persona. ¿Por qué? Para comenzar, porque Jesús nos dijo que perdonáramos setenta veces siete (Mateo 18.21, 22). Hazlo, porque eso es lo correcto. Pero además de eso, porque el perdón es nuestra manera de desconectarnos del pasado.

Hay muchos que son prisioneros de una, dos o tres experiencias de su pasado. Una pequeña semilla de amargura se convierte en un bosque de falta de perdón. Y lo que muchas personas no comprenden es que su falta de perdón no hiere a la persona que las hirió; sencillamente, todo lo que hace es aumentar el sufrimiento en su propio corazón. Pensamos que nuestra falta de perdón meterá de alguna manera en una jaula a la persona que nos hirió, pero todo lo que hace es enjaularnos a nosotros mismos. Y así es como muchas cazas del Ave Salvaje se quedan estancadas.

¿A quién necesitas perdonar? Por definición, no va a ser alguien que lo merezca. No sería por gracia, si esa persona lo mereciera. Pero si tienes la valentía de perdonarla, ese acto te hará libre. Y durante el proceso, recondicionará tu corazón.

EL CONTACTO VISUAL

No sé cuáles son los errores que habrás cometido. No sé cuáles serán los recuerdos pecaminosos que están grabados en tu corteza cerebral. Y tampoco tengo idea de los fallos que forman la jaula de culpabilidad que rodea tu vida. Pero sí sé esto: Dios no ha renunciado a ayudarte. No puede. No está en su naturaleza hacerlo.

En nuestra vida hay momentos en los cuales fallamos tan gravemente, que nos sentimos totalmente indignos de recibir la gracia de Dios. Y son esos momentos de vulnerabilidad los que nos edifican o nos destruyen espiritualmente. O nos encerramos con candado en la jaula de la culpabilidad para nunca más salir de ella, o descubrimos nuevas dimensiones de la gracia de Dios. «El Señor se volvió y miró directamente a Pedro» (Lucas 22.61). Aunque es una simple nota dentro del texto, me parece que habla con gran elocuencia. En el mismo segundo después que Pedro negara conocer a Jesús, este lo miró directamente e hizo contacto visual con él. No creo que fuera una mirada de condenación. No había mala intención en sus ojos. Creo que Jesús sabía que Pedro se lamentaría de lo que estaba haciendo. Y no estaba dispuesto a perder las esperanzas con respecto a Pedro, pero sí sabía que Pedro podía perder las esperanzas en sí mismo.

La negación de Pedro fue también su momento de mayor vulnerabilidad espiritual. Y fue justo entonces cuando Jesús hizo contacto visual con él. ¿Por qué? Porque el acto de hacer contacto visual establece una conexión de relación. ¿Alguna vez les has pedido a tus hijos que te miren a los ojos cuando quieres saber la verdad, toda la verdad y nada más que la verdad? ¿O has mirado en silencio a los ojos a la persona que amas? ¿O evitado el contacto visual con alguien sobre el cual has estado murmurando? Mirar a alguien a los ojos es un acto de intimidad. Si lo miras el tiempo suficiente, vas a poder ver su alma. Y él, o ella, también verá la tuya.

Jesús no necesitó decir una sola palabra. De hecho, si le hubiera dicho algo a Pedro, habría descubierto que Pedro era amigo suyo, y tal vez eso habría conducido a su arresto. Por eso Jesús, generosamente, le envió un mensaje no verbal por medio de aquel contacto visual: *Pedro, mírame. Yo te perdoné aun antes de que tú me negaras. Solo quiero que sepas que no he perdido las esperanzas contigo. ¡Todavía estamos juntos en todo esto!*

LAS EVIDENCIAS EN NUESTRA CONTRA

Para nosotros es difícil comprender algo de lo que somos incapaces. Y la gracia inmerecida de Dios podría estar en el primer lugar de la lista. La mejor manera de comprender la gracia de Dios no es el análisis que hace la parte izquierda del cerebro. Tiene una cantidad excesiva de pixeles. La mejor manera de comprender la gracia de Dios es por medio de las imágenes del hemisferio cerebral derecho. Y los fallos repetidos de Pedro nos dan unas imágenes tridimensionales de la gracia de Dios.

La impulsividad de Pedro lo llevó a una gran cantidad de momentos de vulnerabilidad. Uno de ellos tuvo lugar unas pocas horas antes de su negación. Cuando la turba religiosa se presentó para arrestar a Jesús, Pedro sacó una espada, y con ella le cortó una oreja a un hombre llamado Malco. Aunque se llevó un buen regaño por lo que había hecho, tenemos que concederle cierto mérito. ¡No veo que ningún otro de los discípulos saliera en defensa de Jesús!

Permíteme ahora que diga algo que es obvio: nadie le corta a otra persona una oreja y se sale con la suya, sobre todo si esa persona es uno de los criados del sumo sacerdote. Pedro se había metido en un mundo de problemas legales. En el peor de los casos, lo habrían acusado de intento de asesinato. En el mejor de los casos, lo habrían acusado de asalto a mano armada con un arma mortal. Pero comoquiera que fuera, habría tenido que pasar un buen rato en prisión.

Nosotros tendemos a pasar por alto esta trama secundaria dentro de la historia, pero es una de las imágenes más claras de la gracia que hay en los evangelios. Jesús invirtió milagrosamente algo que era irreversible, al volverle a poner a aquel hombre la oreja amputada. Pero hizo más que sanar a alguien que había venido a crucificarle; también destruyó la evidencia en contra de Pedro.

Detente a pensarlo. Malco presenta un pleito legal contra Pedro y un taquígrafo capta el interrogatorio. Malco dice:

—Pedro me cortó una oreja.

—¿Cuál oreja? —le pregunta el juez.

Malco responde:

—La derecha (Juan 18.10).

El juez se aproxima al asiento de los testigos y le examina la oreja.

—A mí me parece que está bien. ¡Y da por cerrado el caso, por falta de evidencias!

Por medio de su crucifixión y su resurrección, Jesús destruyó las evidencias que existían en contra de nosotros[18]. Pero hizo más que eso. No solo quedó pagado nuestro pecado con fondos salidos de su cuenta, sino que toda su justicia nos queda acreditada a nuestra cuenta. «Al que no cometió pecado alguno, por nosotros Dios lo trató como pecador, para que en él recibiéramos la justicia de Dios» (2 Corintios 5.21). Es como si Jesús nos estuviera diciendo: «Tú entrégame a mí todo tu pecado. Yo te daré a ti toda mi justicia. Y así, quedaremos parejos».

Para mí, no hay nada más maravilloso que la transacción espiritual que se produce cuando nosotros depositamos en Cristo nuestra fe. De alguna manera, mis deudas espirituales son transferidas a la cuenta de Cristo, mientras sus créditos son transferidos a la mía. ¡Eso sí es todo un trato! No hay momento ni sentimiento mayor que cuando toda nuestra culpabilidad se encuentra con toda la gracia de Dios.

SECRETOS CULPABLES

¿Recuerdas lo que hizo Adán después de comer del arbol del conocimiento del bien y del mal? Por primera vez en su vida se escondió de Dios (Génesis 3.8). Cuando lo pensamos, nos resulta cómico. ¿Hay algo más inútil que tratar de escondernos de los ojos que todo lo ven? Sin embargo, eso es lo que nosotros hacemos.

Nos escondemos de Dios. Y nos escondemos unos de otros. Esconderse después de pecar es el primer reflejo condicionado que aparece registrado en las Escrituras, y no ha cambiado gran cosa. Tratamos de esconder nuestro pecado y terminamos en una jaula de culpabilidad.

Cuando estaba en la escuela secundaria, la policía me paró cuando iba conduciendo un total de trece veces. No me siento orgulloso de esa estadística, pero sí estoy orgulloso de esto: solo me pusieron tres multas. Yo era terrible como conductor... pero cuando hablaba, me defendía bastante bien.

La primera multa me la dieron mientras me dirigía a un juego de baloncesto. Hice un giro a la izquierda a un ángulo de cuarenta y cinco grados para meterme en el tráfico que se acercaba. Habría hecho que los fanáticos de la NASCAR se sintieran orgullosos de mí. ¿La policía a la que me le atravesé? ¡Ella no se sintió tan orgullosa de mí! Hizo una vuelta en U y me dio una multa de cincuenta dólares. Ahora eso no parecerá mucho, pero para mí entonces era una pequeña fortuna. No tenía idea de cómo la iba a pagar, pero decidí mantener en secreto que me habían dado una multa y tratar de pagarla sin ayuda.

Como cualquier buen hijo, me interesaba el bienestar psicológico de mis padres, de manera que no los quería preocupar con lo que había hecho tan mal. Pero cometí un error de juicio. No me di cuenta de que el departamento de policía (que probablemente supiera que había una gran cantidad de jovencitos como yo que no querían preocupar a sus padres) envió por correo una copia de la multa a la dirección de mi casa. Mira, cuando tu madre ve una carta del departamento de policía dirigida a su hijo, se encienden todas las bombillas rojas y lo más probable es que abra el sobre. Mi madre se lo enseñó a mi padre sin que yo supiera que ellos lo sabían. Y mantuvieron secreto mi secreto.

Mientras tanto, yo vivía bajo una nube de culpabilidad. Me sentía mal porque había mantenido en secreto que me habían dado una multa, pero mientras más tiempo guardaba el secreto, más difícil se me hacía arreglar las cosas. También vivía en un temor constante de que mis padres lo descubrieran de alguna forma. Y para completar, sentía la presión económica de tratar de conseguir los cincuenta dólares para pagar la multa.

Pasaron varias semanas, y llegó el último juego de la temporada regular. Miles de personas llenaban por completo las graderías, mientras nosotros jugábamos con nuestros rivales del otro extremo de la ciudad por el campeonato de la conferencia. Era el juego más importante y memorable de mi carrera como jugador de baloncesto en la secundaria. Los Pieles Rojas de Naperville Central manifestamos una de las recuperaciones más grandiosas en las cuales he participado. Cuando solo quedaban cinco minutos del cuarto tiempo, íbamos perdiendo por veintiún puntos. Según lo normal en los juegos de las escuelas secundarias, esa desventaja era algo imposible de superar, pero logramos levantarnos y vencer a los Huskies de la Naperville North en tiempo extra. Cuando sonó el timbre para dar por terminado el juego, nuestros fanáticos inundaron la cancha y la euforia fue total.

Entonces fue cuando mi padre entró también en la cancha y me dijo que iba a pagar la multa. No sé todavía por qué escogió aquel momento. Yo ni siquiera sabía que él estaba enterado de la multa. Pero nunca olvidaré las emociones encontradas que sentí.

Ciertamente, sentía una punzada de remordimiento porque mis pecados habían sido descubiertos, pero también recuerdo la abrumadora sensación de alivio que tuve. ¡Era mejor que la misma victoria! No tenía que pagar la multa. Y lo más importante de todo, no tenía que seguir viviendo con temor, porque mi secreto ya se había vuelto público.

No hay nada que libere tanto, como un pecado que hemos confesado. No hay nada que nos aísle tanto como un secreto culpable. Y por eso el enemigo quiere que mantengas en secreto tus pecados. Si los mantienes en secreto, te quedarás atrapado en la jaula de la culpabilidad durante el resto de tu vida. La única manera de salir de ella es la confesión. Y no estoy hablando solo de la confesión a Dios. Por supuesto, creo que Dios nos perdona por completo cuando le confesamos nuestro pecado (1 Juan 1.9). Pero es posible que confesarnos unos a otros nuestros pecados sea la disciplina espiritual de las Escrituras que menos practiquemos (Santiago 5.16). ¿Sabes por qué necesitas confesar tu pecado? No es solo para aliviar tu conciencia culpable. Necesitas confesarlo para que la persona a la cual se lo estás confesando sepa que no está sola.

LA VENTANA DE JOHARI

Cuando estaba en la universidad, me explicaron una fascinante matriz relativa a la personalidad humana, llamada «la ventana de Johari». Está formada por cuatro cuadrantes. El *cuadrante abierto* contiene aquellas cosas que tú sabes acerca de ti mismo, y que los demás saben acerca de ti. Es tu personalidad pública. El *cuadrante ciego* contiene las cosas que los demás saben acerca de ti, pero tú no las conoces. Aquí es donde necesitas tener amigos que sean lo suficientemente valientes como para enfrentarte a tu realidad. El *cuadrante oculto* contiene aquellas cosas que tú conoces acerca de ti mismo, pero los demás no las conocen. Aquí es donde escondes el que eres en realidad. Y el *cuadrante desconocido* es el que contiene aquellas cosas que tú no conoces acerca de ti mismo, y los demás tampoco conocen. Aquí es donde el Espíritu Santo desempeña un papel vital en tu vida. Dios te conoce mejor de lo que tú te conoces a ti mismo. O sea, que si en verdad quieres llegar a conocer quién eres, tienes que comenzar por conocer a Dios.

Me preocupa que haya tantos cristianos que se queden atascados en el cuadrante oculto. Seamos sinceros. La iglesia se puede convertir en el lugar más teatral de la tierra. Tenemos temor de revelar nuestras imperfecciones y nuestras disfunciones. Tenemos temor de revelar nuestras dolorosas cicatrices y nuestros secretos pecaminosos. Y por eso hay tanta gente que se siente tan solitaria.

He conocido a muchas personas que sienten que tienen que poner en orden su vida antes de acercarse a Dios. ¿De dónde habrá venido una lógica tan ridícula? Eso sería como sugerir que tenemos que sentirnos bien antes de poder acudir al médico. No tiene sentido alguno (Marcos 2.17). La iglesia necesita convertirse en un lugar seguro donde podemos revelar nuestros peores pecados.

A lo largo de mis años de pastor, he oído muchas confesiones. Y algunas de ellas han sido espantosas. He visto cómo unas personas que parecían ser modelos de santidad, se me han acercado para confesarme de todo, desde adicciones hasta adulterio. Antes me solía sorprender. Pero ya no. ¿Sabes lo que me sorprende ahora? Alguien que tenga la valentía de confesar lo que lleva por dentro. ¡Eso sí es impresionante! Y mi nivel de respeto por la persona que confiesa, por malo que pueda parecer el pecado que revele, siempre se vuelve mayor. ¿Por qué? Porque todos tenemos secretos culpables, pero la persona tiene que ser valiente para confesarlos. Tal vez te sientas como si se te fuera a acabar la vida si confesaras algo, o admitieras que tienes algún tipo de adicción. Ese es el momento en que tu vida comienza. La confesión abre la jaula. Y la aventura espiritual comienza. Ya no tienes que gastar una gran cantidad de energía emocional y espiritual para tratar de esconder el que eres en realidad. Tu conciencia culpable queda en libertad para guiarte. Y puedes dejar de fingir que eres el que no eres, para comenzar a tratar de convertirte en el que Dios te ha llamado a ser.

COMISIONADO DE NUEVO

«Me voy a pescar» (Juan 21.3). Varias semanas después de su negación, Pedro hizo esta proclamación. Y me imagino que tal vez todo lo que Pedro quisiera, fuera ir de pesca. Pero en parte, me pregunto si este Pedro posterior a su negación no habría pensado que su carrera como discípulo había terminado. ¿No lo habrías pensado tú también? Pedro había fallado más de la cuenta. Tal vez estuviera pensando en volver a ganarse la vida pescando. Esa es nuestra inclinación cuando tenemos algún fallo, ¿no es así? Tratamos de regresar a nuestros caminos de antes. Y a Satanás, nada le habría encantado más que ver que Pedro se pasara el resto de su vida en una barca de pescador en el mar de Galilea. Pero Cristo le había encomendado a Pedro la misión de ir hasta los confines de la tierra proclamando las buenas nuevas.

La culpabilidad tiene el efecto de encogernos. Encoge nuestros sueños. Encoge nuestras relaciones. Encoje nuestro corazón. Encoje nuestra vida hasta ponerla del mismo tamaño que nuestros fallos.

La gracia tiene el efecto contrario. Amplía nuestros sueños. Amplía nuestras relaciones. Amplía nuestro corazón. Y nos da el valor que necesitamos para salir tras el rastro del Ave Salvaje hasta los confines de la tierra.

El Pedro posterior a su negación había estado metido en su jaula de culpabilidad durante varias semanas, cuando el Jesús posterior a su resurrección le volvió a encomendar esa misma misión. Y la forma en que esto sucedió no fue una simple coincidencia.

Cuando terminaron de desayunar, Jesús le preguntó a Simón Pedro:

—Simón, hijo de Juan, ¿me amas más que éstos?

—Sí, Señor, tú sabes que te quiero —contestó Pedro.

—Apacienta mis corderos —le dijo Jesús.

Y volvió a preguntarle:

—Simón, hijo de Juan, ¿me amas?

—Sí, Señor, tú sabes que te quiero.

—Cuida de mis ovejas.

Por tercera vez Jesús le preguntó:

—Simón, hijo de Juan, ¿me quieres?

A Pedro le dolió que por tercera vez Jesús le hubiera preguntado: «¿Me quieres?» Así que le dijo:

—Señor, tú lo sabes todo; tú sabes que te quiero.

—Apacienta mis ovejas —le dijo Jesús.

—Juan 21.15–17

No creo que sea una coincidencia el que Jesús le hiciera a Pedro la misma pregunta tres veces. A Pedro le dolió aquella repetición. Ahora bien, ¿es posible que Jesús supiera algo acerca de los reflejos condicionados, mucho antes de que Iván Pavlov los descubriera? Pedro había fallado tres veces; Jesús le volvió a encomendar su misión también tres veces. Pero eso no es todo. ¿Te has dado cuenta alguna vez del *momento* en el que se produjo aquella nueva encomienda de su misión? «Al despuntar el alba» (Juan 21.4).

Jesús reacondicionó a Pedro mientras estaban cantando los gallos. A partir de aquel momento, el canto de un gallo dejó de ser un recuerdo de su fallo que le producía sentimientos de culpabilidad. Ahora era un recordatorio de que había recibido de nuevo su misión, y le producía un sentimiento de gratitud. Pensémoslo de esta manera:

Pecado - Gracia = Culpabilidad
Pecado + Gracia = Gratitud

La gracia de Dios es la diferencia entre ahogarnos en la culpabilidad y nadar en la gratitud. Cuando la gracia de Dios ha reacondicionado tus reflejos espirituales, te ha liberado para que salgas de la jaula de la culpabilidad y te lances a darle caza al Ave Salvaje.

TU CAZA

- ¿Cuál es ese «canto de gallo» que despierta los sentimientos de culpabilidad en tu interior?
- En este capítulo se afirma: «Hay muchos que son prisioneros de una, dos o tres experiencias de su pasado». ¿Cuáles son esas una, dos o tres experiencias de *tu* propio pasado?
- ¿A quién necesitas perdonar para quedar libre y poder seguir al Ave Salvaje? ¿A quién necesitas pedirle que te perdone?
- Suponiendo que eres seguidor de Cristo, estoy seguro de que *comprendes* que Él te ha dado su justicia a cambio de tu pecado. Ahora bien, ¿podrías decir que en verdad *sientes* que esa transacción se ha realizado, y que *vives* como quien sabe que es real? Explica tu respuesta.
- Si pudieras ver a Jesús cara a cara y pedirle que te devolviera la misión que te había encomendado, liberándote de tu culpabilidad para que lo puedas seguir en esa libertad, ¿cómo se lo dirías?

CAPÍTULO 6

A VECES SE NECESITA UN NAUFRAGIO

Cómo salir de la jaula del fracaso

Si quieres hacer
reír a Dios,
cuéntale tus planes.
—John Chancellor

C omo todo el mundo, yo tengo mis días malos. Pero te puedo decir con sinceridad que no querría estar en ningún otro lugar, ni haciendo ninguna otra cosa. Me encanta pastorear la National Community Church. Me encanta vivir en Capitol Hill. Y oro por el privilegio de pastorear una sola iglesia en toda mi vida. Pero he aquí el resto de la historia. De no haber sido por un naufragio que se produjo en Chicago, yo nunca habría venido a parar a Washington DC.

Cuando estaba en el seminario, soñaba con fundar una iglesia en la zona de Chicago. Tanto mi esposa como yo, habíamos crecido en Naperville, un barrio residencial del oeste de la ciudad. A mí me encanta la pizza al estilo de Chicago. Y en aquel entonces, Michael Jordán todavía estaba jugando con los Chicago Bulls. ¿Por qué habría de querer mudarme a otro lugar? (Además del frío de treinta grados centígrados bajo cero durante el invierno, por supuesto.) Yo creía que viviríamos allí por el resto de nuestra vida. Así que formamos un grupito, abrimos una cuenta de banco y escogimos nombre para la nueva iglesia. Hasta preparé un plan estratégico para veinticinco años.

Cuando me acuerdo de todo aquello, me pregunto si Dios no se estaría riendo mientras yo estaba haciendo mis planes. Porque ni siquiera llegamos a tener nuestro primer culto. Nuestros planes se deshicieron antes de que pudiéramos lograr que la iglesia comenzara a funcionar. En realidad, fue nuestro grupo central el que se deshizo. Fue durante una consejería de crisis con una de las parejas de ese grupo central cuando comprendí que el sueño se estaba desplomando. Nuestro grupo central desapareció y con él mi plan para veinticinco años.

Ese intento fallido por fundar una iglesia sigue estando entre las temporadas más vergonzosas y desilusionantes de mi vida. Pero no la cambiaría por nada. Los fallos, cuando se los maneja de una manera inadecuada, pueden ser devastadores; pero cuando se los maneja como es debido, son lo mejor que nos puede suceder. Los fallos son los que nos enseñan las lecciones más valiosas. Impiden que nos atribuyamos el mérito por el éxito, o que demos por sentado que seguiremos triunfando en el futuro. Hacemos el importantísimo descubrimiento de que incluso cuando nos caemos de bruces al suelo, Dios está presente para levantarnos de nuevo. Además de todo esto, los fallos tienen su manera de abrirnos a otras opciones.

Cuando murió el sueño de fundar una iglesia en Chicago, yo estaba dispuesto a ir dondequiera que el Ave Salvaje me quisiera llevar. Y con sinceridad, ¡mientras más lejos de Chicago, mejor! Pero no estoy seguro de que hubiera estado abierto a la opción de mudarme al DC si mi barco de Chicago no hubiera naufragado.

Aún tengo una gran cantidad de preguntas sin responder acerca de aquel intento de fundación. ¿Acaso era cierto que habíamos sido llamados a fundar aquella iglesia? ¿O fue que Dios planeó aquel fracaso? ¿Lo hicimos fuera del tiempo debido? ¿O fue mi ineptitud la que causó que se hundiera el barco? Tengo más preguntas que respuestas, pero de aquella experiencia salí con una nueva convicción: a veces hace falta un naufragio para llevarnos a donde Dios quiere que vayamos.

Yo creo en la planificación. No planificar es planear el fracaso. Pero cuando confiamos más en nuestros planes que en Dios, nuestros planes pueden impedir que lo busquemos a Él y obedezcamos su voluntad. Por eso, algunas veces, nuestros planes tienen que fracasar para que triunfen los de Dios.

Los fallos (o lo que en el momento tiene el aspecto de un fallo) se pueden volver una jaula, si se lo permites. Pueden impedir que persigas las pasiones que Dios te ha puesto en el corazón. Pero hay vida después de los fallos. La puerta de la jaula se abre de par en par, y el Ave Salvaje te llama a una vida de nuevas aventuras.

Entra en escena Pablo.

EL CLUB DE LA MALA SUERTE

Hacia el final de su carrera misionera, Pablo iba de camino a Roma para comparecer ante el César y ser juzgado, cuando el barco en el que viajaba se hundió en el mar Mediterráneo.

Lo más cerca que yo he estado de un naufragio fue en las Galápagos. A pesar de unas fuertes dosis de dimenhidrinato (para evitar las náuseas), la mayoría de nosotros perdimos nuestro almuerzo. Hubo momentos en los cuales las olas del océano hacían inclinar el barco hasta unos ángulos increíbles. Y quiero dejar escrito lo siguiente para que conste: ahogarme en el mar se encuentra en la primera línea de la lista de maneras en que no quiero morir.

No estoy exactamente seguro de lo que Pablo estaba pensando o sintiendo mientras el barco se fue a pique, pero tiene que haber sentido náuseas y ansiedad. La adrenalina debe haber estado moviéndose por su cuerpo en grandes cantidades mientras trataba de mantener la cabeza fuera del agua. Y tiene que haber estado emocional y físicamente exhausto cuando por fin pudo llegar a la orilla. Pero aun antes de que se hubiera secado, su día pasó de malo a peor.

Una vez a salvo, nos enteramos de que la isla se llamaba Malta. Los isleños nos trataron con toda clase de atenciones. Encendieron una fogata y nos invitaron a acercarnos, porque estaba lloviendo y hacía frío. Sucedió que Pablo recogió un montón de leña y la estaba echando al fuego, cuando una víbora que huía del calor se le prendió en la mano. Al ver la serpiente colgada de la mano de Pablo, los isleños se pusieron a comentar entre sí: «Sin duda este hombre es un asesino, pues aunque se salvó del mar, la justicia divina no va a consentir que siga con vida».

—Hechos 28.1–4

¡Vaya manera de redefinir lo que es un mal día! Con el naufragio habría bastado para clasificarlo como tal. Pero... ¿un naufragio *y* la mordida de una serpiente? Se trataba de un día terrible, horrible, muy malo, que no tenía nada de bueno. Si yo fuera el que estuviera escribiendo las reglas, un naufragio y una mordida de víbora en el mismo día le habría ganado a cualquiera una membresía permanente en el Club de la Mala Suerte.

Si yo hubiera sido Pablo, en ese mismo momento me habría dado por vencido. «Bueno, Dios mío. Si me iba a morder una serpiente venenosa, ¿por qué mejor no dejaste que me ahogara?». Pero Dios tiene su manera de convertir lo que parece mala suerte en un gran progreso. Él convierte los naufragios y las mordidas de víbora en sincronismos sobrenaturales que sirven de alguna manera a sus propósitos.

Pero Pablo sacudió la mano y la serpiente cayó en el fuego, y él no sufrió ningún daño. La gente esperaba que se hinchara o cayera muerto de repente, pero después de esperar un buen rato y de ver que nada extraño le sucedía, cambiaron de parecer y decían que era un dios.

Cerca de allí había una finca que pertenecía a Publio, el funcionario principal de la isla. Este nos recibió en su casa con amabilidad y nos hospedó durante tres días. El padre de Publio estaba en cama, enfermo con fiebre y disentería. Pablo entró a verlo y, después de orar, le impuso las manos y lo sanó. Como consecuencia de esto, los demás enfermos de la isla también acudían y eran sanados. Nos colmaron de muchas atenciones y nos proveyeron de todo lo necesario para el viaje.

—Hechos 28.5–10

Permíteme decir algo que es evidente: Pablo y Publio nunca se habrían debido conocer. Malta ni siquiera estaba en el itinerario de Pablo. Y si él, prisionero del Regimiento Imperial, hubiera solicitado una audiencia con el funcionario principal de Malta, me imagino que se habrían reído y lo habrían expulsado de la isla. Hizo falta un naufragio para situar a Pablo de manera estratégica exactamente en estas coordenadas: latitud 35° 50' N y longitud 14° 35' E. Y también hizo falta la mordida de una víbora para que se produjera aquella cita divina con Publio. Por supuesto, el naufragio y la mordida de la serpiente no estaban en los planes de Pablo. Pero cuando uno anda a la caza del Ave Salvaje, nunca sabe hacia dónde va, ni con quién se va a encontrar. Tal vez el Ave use un naufragio y la mordida de una víbora para poner en marcha un avivamiento que abarque toda una isla.

¡Solo Dios!

LAS DESVÍACIOnES DÍVÍnAS

Para mí, algunas de las partes más iluminadoras e inspiradoras de la Biblia, ni siquiera están en el propio texto. Están en algún apéndice. Pasa al final de una Biblia de estudio y mira los mapas de los viajes misioneros de Pablo. ¿O tal vez debería decir mejor de sus aventuras de cazador del Ave Salvaje? No hay una sola línea recta. Pablo anduvo zigzagueando por todo el mundo antiguo conocido.

Si lees en el libro de los Hechos los relatos de sus viajes, descubrirás que algunos de los lugares donde fue estaban planificados. Sin embargo, muchos de ellos ni siquiera estaban en su itinerario. Pablo fue a parar a Atenas porque en Tesalónica una turba de judíos lo hizo huir de la ciudad. Viajó a Troas porque el Espíritu Santo le cerró las puertas en Bitinia. Y terminó en Malta porque su barco se hundió en el Mediterráneo. Atenas, Troas y Malta no estaban en sus planes. No obstante, Dios usó esas aparentes desviaciones en sus viajes para ponerlo precisamente donde Él quería que estuviese.

Por supuesto, no te estoy sugiriendo que te sabotees a ti mismo. No incites a una turba, ni le abras un agujero en el casco a tu barco. Pero algunas veces, una puerta cerrada es lo que nos lleva donde Dios quiere que vayamos. Yo he llegado a pensar que las puertas cerradas son desviaciones divinas. Y aunque los fallos en nuestros planes nos pueden desalentar y desorientar de una manera increíble, Dios usa con frecuencia esas cosas que parecen estarnos sacando del rumbo que llevamos para mantenernos dentro de *su* curso.

Cuando se volvió dolorosamente obvio que la iglesia que estábamos tratando de fundar en Chicago no iba a funcionar, la cabeza me empezó a dar vueltas. No tenía idea de dónde ir ni qué hacer. Emocional y espiritualmente, me hallaba en una situación embarazosa. Y temía la inevitable pregunta —«¿Qué vas a hacer cuando te gradúes?»— porque no tenía la menor idea de lo que iba a hacer. De hecho, me matriculé en un segundo programa de maestría, solo para conseguir un poco más de tiempo.

Pocas cosas son tan desorientadoras como esos tiempos intermedios entre trabajos, entre relaciones… o entre la espada y la pared. Pero no hay nada que sacuda mejor la jaula que un mal diagnóstico, un despido o los documentos de un divorcio. Esas cosas hacen que nuestra brújula comience a girar. Y nos sentimos perdidos porque nuestros planes y nuestra vida quedan deshechos. Pero lo bueno que tiene todo esto es que nos obliga a buscar a Dios con una intensidad total que no podemos fabricar de ninguna otra forma. La desorientación tiene su manera de ponernos de rodillas. Y esa es una de las razones por las cuales las cosas malas que nos suceden se pueden convertir en realidad en las mejores cosas que nos suceden.

¿TRAGEDÍA O COMEDÍA?

La forma en que manejemos los naufragios que nos sobrevengan es la que determinará si nuestra vida se vuelve una tragedia o una comedia. Nosotros no podemos controlar lo que nos sucede, pero sí podemos controlar nuestra reacción.

Hace poco recibí un correo electrónico de un miembro de la NCC cuya brújula estaba girando velozmente. Los escándalos políticos son cosa habitual en el DC, y el resto de la nación oye hablar de ellos en los noticieros de la televisión, que después por comodidad propia, cambia de canal. Pero esos escándalos tocan de una manera especial a las personas que yo pastoreo.

Durante los últimos meses he estado viviendo en un mundo de quimera. Después de estar en el DC durante menos de tres años, y de haber cambiado de trabajo tres veces, en la primavera pasada cometí la locura de aceptar otro cambio de escenario para ir a trabajar con un senador muy respetado que procedía del mismo estado que yo. El mundo del Hill es una extraña fiera. A los asuntos que tenía que resolver como miembro del personal se añadió la preparación de una importante ley bajo mi responsabilidad, y llegué a creer que las cosas eran lo más divertidas, estresantes y maravillosas que podían llegar a ser. Pero si después se añade a todo esto un despiadado e intenso ataque contra mi jefe por parte de los medios noticiosos de la nación, de repente mi mundo se transforma en tragedia en unos instantes.

Me imagino que no habría tenido una experiencia tan dolorosa y agotadora si no hubiera tenido (y sigo teniendo) un profundo respeto por mi jefe. Decidí permanecer junto a él en medio de todo esto, y al hacerlo, me sometí a la peor cara tanto de la política como de la naturaleza humana. Vi cómo lo arrastraban sin piedad por el fango, lo pateaban, se burlaban de él y lo atropellaban una y otra vez. Así que, por mucho que aún quiero tomar clases de kick boxing para desahogarme de mis frustraciones diarias con la política y mi carrera, en aquel momento también quería gritar «¡Tragedia!» desde los techos de las casas.

¿Alguna vez has sentido como si tu vida se estuviera convirtiendo en una tragedia? Tu cónyuge te engaña. Tu jefe te despide injustamente. O alguien te hiere de una manera que parece estar más allá de tu capacidad para sanarte.

Escucha, aun así, eres tú quien escoges tu actitud. Y aunque no te guste el capítulo de tu vida en el que te encuentras, el capítulo final aún no ha sido escrito. A mí me gusta la reacción de este miembro de la NCC cuando daba la impresión de que el barco se estaba hundiendo.

No tengo la menor idea acerca de lo que Dios vaya a escribir en la página de mañana, pero del final sí estoy seguro. Así que soy yo quien decido si para el día de hoy proclamo que es de tragedia o de comedia. En realidad, me siento un poco como si estuviera metido en uno de esos libros de Escoge tu propia aventura (¿todavía los niños leen esas cosas?), y a Dios le estuviera divirtiendo irme haciendo pasar a la fuerza por tantos escenarios como sea posible —repletos tanto de tragedia como de comedia— para que yo no pueda decidir otra cosa más que enfocarme en el final de cuento de hadas que Él ha preparado magistralmente. En conclusión, ahora mismo Él está trabajando para transformar esta tragedia del momento en una comedia, al mismo tiempo que me enseña a vivir con mayor fortaleza aun bajo la inspiración del cuento de hadas.

Si te sientes como si estuvieras estancado en medio de una tragedia, esto es lo que te aconsejo: Dale a Jesús el control editorial absoluto sobre tu vida. Tienes que renunciar a tratar de escribir tu propia historia. Y necesitas aceptar a Jesús, no solo como Señor y Salvador, sino también como Autor. Si le permites que sea Él quien comience a escribir su historia a través de tu vida, le estarás asegurando a esa tragedia un final de cuento de hadas. No te estoy prometiendo una vida sin angustias, sufrimientos ni pérdidas, pero sí te estoy prometiendo un final diferente.

Si quieres ver por un instante lo que Dios puede hacer, piensa en la historia de los criminales que fueron crucificados con Jesús. Uno de ellos se dedicó a lanzarle insultos. «Pero el otro criminal lo reprendió: —¿Ni siquiera temor de Dios tienes, aunque sufres la misma condena? En nuestro caso, el castigo es justo, pues sufrimos lo que merecen nuestros delitos; éste, en cambio, no ha hecho nada malo» (Lucas 23.40, 41).

¿Quién quiere que su historia termine colgando de una cruz por los crímenes que ha cometido? ¿Te puedes imaginar un final más trágico para una vida humana que la muerte por crucifixión? Es el peor y último día de su vida. Pero la historia no había terminado aún. La sentencia definitiva aún no había sido escrita. Y en el último momento, el criminal arrepentido se dirigió al Hombre que estaba en la cruz del medio: «Jesús, acuérdate de mí cuando vengas en tu reino». Es una de las profesiones de fe más sencillas que recogen los evangelios. Y Jesús convierte el peor y último día de su vida en el mejor y primer día del resto de la eternidad: «Te aseguro que hoy estarás conmigo en el paraíso» (Lucas 23.42, 43).

Si este no es un final feliz para toda la eternidad, entonces no sé qué pueda serlo. Pero te voy a decir esto con toda franqueza: el final de tu historia depende por completo de que acudas a Jesús, de la manera en que aquel criminal se dirigió a Él. Si no lo haces, la tragedia seguirá siendo tragedia. Si lo haces, la tragedia se acaba para que comience el cuento de hadas.

Una vez más, no te estoy prometiendo una vida perfecta. Jesús mismo dijo: «En este mundo afrontarán aflicciones» (Juan 16.33). A los buenos les pasan cosas malas. A lo largo del camino, pasarás por unos cuantos naufragios y unas cuantas mordidas de víbora. Pero cuando le entregues a Jesús el control editorial completo de tu vida, Él comenzará a escribir su propia historia a través de ella.

UNA DEPENDENCIA TOTAL

En las relaciones humanas normales, nos movemos a lo largo de una línea continua que va de la dependencia total a la independencia total. Los bebés no pueden hacer nada por sí mismos. Dependen por completo de sus padres, que son quienes los tienen que alimentar, hacer eructar, mecer y cambiar de pañales. Y nuestra meta como padres es ir llevando a nuestros hijos hacia una independencia total, en especial en la cuestión del entrenamiento para que usen el baño.

Una sana relación entre padre e hijo va pasando de la dependencia a la independencia. En cambio, una sana relación con nuestro Padre celestial se mueve en el sentido contrario. Espiritualmente hablando, comenzamos en un estado de independencia total. El pecado consiste en llevar una vida independiente de Dios. Es vivir como si Dios no existiera. Es decirle a Dios: «Gracias, pero mejor no acepto tu ayuda; voy a tratar de defenderme yo solo». La maduración espiritual consiste en moverse por esa línea continua hacia una dependencia total de Dios. Es decirle a Dios: «Te acepto cuanta ayuda pueda recibir». Es aprender a vivir en una dependencia de Dios diaria. Y algunas veces, hace falta un naufragio o una mordida de víbora para llevarnos hasta ese punto.

La desorientación es natural y saludable. Forma parte normal de la caza del Ave Salvaje. La mayor parte del tiempo no vamos a saber con exactitud hacia dónde nos dirigimos, pero esa desorientación desarrolla nuestra dependencia con respecto a Dios. Y es esa dependencia de Dios, y no los mejores planes que nosotros podamos hacer, la que nos llevará donde Él quiere que vayamos.

Con frecuencia, los nuevos capítulos de nuestra vida comienzan con una desorientación. Cuando comienzas en un centro de estudios o un trabajo nuevo, recibes una sesión de orientación. En cambio, Dios comienza los capítulos nuevos en nuestra vida por medio de la desorientación. Jesús no daba sesiones de orientación. Jesús desorientaba. ¿Acaso no da la impresión de que sus discípulos se hallaban en un estado constante de desorientación? Nosotros pensamos que tal vez se debiera a su inmadurez espiritual, pero también es posible que esto sea ejemplo de la manera en que Dios hace discípulos. Algunas veces necesita desorientarnos a fin de que Él nos pueda reorientar.

Una cosa que sé es esta: Si no fuera por la desorientación de Chicago, yo nunca habría sido reorientado hacia Washington DC.

¡Gracias a Dios por los planes fracasados!

UN SENTIDO DE DESTINO

Es posible que la National Community Church, la iglesia en la cual sirvo como pastor, sea una de las congregaciones más desorientadas de toda la nación. Esto se debe a que el setenta por ciento de sus miembros son personas solteras de veintitantos años de edad, que se están abriendo camino por la crisis de la cuarta parte de la vida.

La tercera década de la vida está repleta de desorientación espiritual, relacional, ocupacional e incluso geográfica. Los que tienen veintitantos años están tomando las decisiones que van a manejar durante el resto de su vida. ¿Qué creo? ¿Con quién me caso? ¿Qué debo hacer con mi vida? ¿Dónde debo vivir? Todas estas son fuertes decisiones cuyas ramificaciones llenan todo el resto de la vida. Y por eso, la crisis de la cuarta parte de la vida puede ser tan desorientadora.

Dave Schmidgall, primo de mi esposa, estaba atravesando hace unos años por algunas de estas cuestiones relacionadas con la primera cuarta parte de la vida, cuando nosotros lo invitamos para que viniera a cenar y conversar sobre algunas de las decisiones que estaba tratando de tomar. Estaba pasando por un estado de desorientación en todos los frentes. No estaba seguro sobre qué debía hacer con su título. Le encantaba vivir en el DC, pero estaba pensando en volverse a nuestro lugar de origen. Y no estaba seguro si su relación con su novia iba a seguir adelante. Hablamos durante varias horas. Entonces, yo hice una de esas oraciones sin guión en las que uno no está totalmente seguro sobre qué va a decir, hasta que lo ha dicho. «Señor, te damos gracias porque quieres que vayamos donde tú quieres que vayamos, más de lo que nosotros queremos llegar donde tú quieres que vayamos».

De hecho, paramos de orar y nos comenzamos a reír cuando estas palabras salieron de mis labios, porque no estábamos seguros de qué era lo que yo acababa de decir en mi oración. Nos llevó un minuto descifrar aquel acertijo, pero una vez que lo logramos, tuvimos una gran sensación de alivio. Se nos cayó todo el estrés de los hombros cuando nos recordamos a nosotros mismos esta sencilla verdad: A Dios le interesa mucho más nuestro futuro que a nosotros mismos.

Nosotros nos ponemos encima una inmensa presión, como si los planes eternos del Dios todopoderoso dependieran de nuestra capacidad para descifrarlos. Lo cierto es que Dios nos los quiere revelar, más de lo que nosotros queremos conocerlos. Y si pensamos que un paso en falso puede frustrar los planes providenciales del Omnipotente, entonces nuestro Dios es demasiado pequeño. Dios no solo quiere que vayamos donde Él quiere, más de lo que nosotros queremos llegar allí, sino que es sumamente hábil para llevarnos hasta ese lugar. Tal vez no siempre nos revele sus planes como nosotros quisiéramos, o cuando nosotros lo quisiéramos. Pero cuando nos damos a la caza del Ave Salvaje, nuestro futuro se convierte en una responsabilidad suya. «El corazón del hombre traza su rumbo, pero sus pasos los dirige el Señor» (Proverbios 16.9).

Hazme un favor. Deja de leer por un instante y respira hondo. Ahora, deja salir el aire.

Cuando inspiramos profundamente, estamos recalibrándonos fisiológicamente. Es algo que nos relaja. Espiritualmente, la soberanía de Dios tiene ese mismo efecto en mí. Cuando recuerdo que Dios es el que dirige mis pasos, eso me ayuda a relajarme. Dios se ha dedicado a situarnos en el lugar correcto, y en el momento oportuno. Y eso nos debería dar un inconmovible sentido de destino cuando nos sintamos desorientados.

LAS CITAS DIVINAS

Hace algunos años estaba mirando las tarjetas con información sobre los visitantes después de uno de nuestros cultos de fin de semana, cuando una de ellas captó mi atención. Junto a la pregunta que se les hacía a nuestros visitantes sobre cómo habían oído hablar de la National Community Church, alguien había escrito: «Blockbuster». Primera vez que sucedía algo así.

Pocas semanas antes, yo había estado haciendo fila en el Blockbuster de nuestro vecindario, y la señora que iba después de mí me preguntó qué hora era. Notó el emblema de la iglesia en mi reloj y así comenzó nuestra conversación. Descubrí que ella no iba a ninguna iglesia, así que la invité a visitar nuestra NCC algún fin de semana.

Después de su primera visita, me envió un correo electrónico:

Nos encontramos en el vídeo de Blockbuster en el centro comercial Hechinger hace algunas semanas. Yo hice un comentario acerca de lo interesante que era el reloj que usted llevaba puesto. Solo quería que supiera que este domingo sentí el impulso de ir a la National Community Church, y era todo lo que yo necesitaba escuchar. Su mensaje cambió toda mi vida y toda mi mentalidad. Creo sinceramente que fue una cita divina. Me alegro de no haber permitido que nada me impidiera asistir. Hace un par de meses le dije a alguien: «Estoy totalmente cansada de las iglesias». Pero estoy esperando con ansias que llegue el domingo para ir a su iglesia, ¡y eso es algo que no he podido decir en largo tiempo!

Algunas veces me dejo llevar por la imaginación, y me imagino todo un departamento de ángeles dedicados a las citas divinas. Esta señora se encontraba en la agenda porque estaba *totalmente cansada de las iglesias*. Y tal vez sean ilusiones mías, pero hay uno de esos ángeles que recomienda a la National Community Church. Nuestros nombres quedan conectados en una base de datos angélica y se traza una estrategia. *Solo hay una manera de que se crucen sus caminos, porque solo hay una cosa que tienen en común. A los dos les gustan las películas y los dos son miembros del Blockbuster del centro comercial Hechinger. ¡Y asegúrense de que Mark lleve puesto su reloj!*

Voilá!

Yo no sé si las cosas pasan exactamente de esa manera. Pero sí sé que Dios está concertando citas divinas todo el tiempo. Y mientras nuestra motivación se mantenga pura y nuestro espíritu siga siendo sensible, él se asegurará de que nos encontremos con la gente debida en el momento preciso. ¡Y eso debería hacer flotar a nuestro espíritu, aunque sintamos que el barco se está hundiendo!

Yo le pido al Señor citas divinas todo el tiempo en mi oración. Y no tengo reparo alguno en decirlo. De hecho, recuerdo haber orado de manera específica para pedir citas divinas antes de dirigirme a las Galápagos con un equipo de miembros de la NCC. Y Dios respondió esas oraciones de una manera dramática.

En nuestro último día, nos levantamos temprano para hacer un viaje de tres cuartos de hora en autobús a través de la isla de Santa Cruz, rumbo a un trasbordador que nos llevaría al aeropuerto en una isla vecina. Solo había un camino asfaltado entre la ciudad del puerto y el lugar del trasbordador, prácticamente sin ningún rastro de civilización entre ambos. En medio de la isla, en medio de un paisaje totalmente desolado, nos sorprendió ver a una persona junto a la carretera pidiendo que la lleváramos. Es posible que yo hubiera saludado con la mano y hubiera seguido conduciendo, pero el conductor de nuestro autobús se detuvo en la cuneta y recogió a un isleño de mediana edad llamado Raúl. Estaba sin afeitar. Parecía haber estado caminando durante horas. Y era evidente que no había dormido gran cosa la noche anterior.

Raúl se habría podido sentar en cualquier otro lugar del autobús, pero Dios lo sentó junto a Adam. Adam es una de las personas más amistosas y afectuosas que yo he conocido. También era una de las pocas personas de nuestro equipo que hablaban con fluidez el español. Y a pesar de su propio dolor debido a una fractura en la vértebra torácica número once, por haber estado saltando desde un acantilado el día anterior, Adam sintió que se trataba de una cita divina.

En el transcurso de su conversación, Raúl le dijo a Adam que el día anterior se había tratado de suicidar. Se amarró unos bloques de construcción a los tobillos y decidió lanzarse al océano, porque su esposa que había estado con él treinta años lo había dejado. Adam no solo comprendía lo que estaba diciendo, sino que también comprendía lo que sentía. Solo unos pocos años antes, su propia esposa, con la que había vivido durante quince años, lo había dejado, y él también había pensado en suicidarse.

Raúl le dijo a Adam que sentía que Dios no hacía nada nunca por él, pero que tenía que admitir que Dios lo estaba protegiendo el 12 de agosto de 2006. Por fin, había encontrado al Dios que lo había estado persiguiendo toda su vida.

En el plano humano, no habría sido posible que conociéramos a Raúl. No se pueden fabricar esta clase de reuniones. Vivimos en naciones distintas y hablamos idiomas diferentes. Habíamos estado separados por varios viajes en avión, en autobús y en barco. Pero para Dios, estas limitaciones espaciales o cronológicas no tienen importancia alguna. Para Él es tan sencillo concertar una cita divina en un hemisferio distinto, como lo es concertarla con el vecino que vive en la casa que está junto a la nuestra.

EN UN INSTANTE

Cuando uno está tratando de cazar al Ave Salvaje, su vida puede cambiar en un instante. Nunca sabemos cómo o dónde nos va a revelar sus planes el Espíritu Santo. Un viaje, una reunión, un artículo, una clase, una conversación; son muchas las cosas que pueden cambiar de manera radical la trayectoria de una vida. O en mi caso, un anuncio en una revista.

Ni siquiera recuerdo cuál era la revista que estaba leyendo. Pero estaba sentado a la mesa de la cocina almorzando y hojeando la revista, cuando me encontré un anuncio de un ministerio paraeclesiástico en Washington DC. Ni siquiera estoy seguro de la razón por la que dejé de hojear la revista. Yo nunca había estado en el DC, y el ministerio paraeclesiástico no era lo que yo andaba buscando. Pero sentí el impulso a hacer una llamada por teléfono. Esa llamada me llevó a hacer un viaje. Y ese viaje me llevó a mudarme de un lado a otro de la nación. Al cabo de pocos meses, Lora y yo habíamos empacado todas nuestras posesiones terrenales en un camión y nos habíamos mudado a Washington DC. No teníamos lugar donde vivir, ni sueldo garantizado, pero sabíamos que el DC era la siguiente parada en la caza del Ave Salvaje.

Mientras más ando a la caza del Ave Salvaje, más valoro esta sencilla verdad: con frecuencia, nuestras razones y las razones de Dios son muy distintas. Yo pensaba que me estaba mudando al DC para dirigir un ministerio paraeclesiástico, pero Dios tenía otros motivos ulteriores. Tenía razones de las cuales yo no estaba totalmente consciente, porque no soy omnisciente. Dios no me llamó a Washington DC para que dirigiera un ministerio paraeclesiástico. Claro, eso fue lo que hice durante algún tiempo. Pero estoy convencido de que el Ave Salvaje me guió hasta Washington DC para pastorear la National Community Church, aun a pesar de que la National Community Church no existía todavía.

Dios siempre tiene razones de las cuales nosotros no estamos conscientes.

EL FACTOR VIENTO

¿Cómo fue a parar Pablo a la isla de Malta? No fue gracias a la habilidad del capitán del barco como navegante. Tampoco se debió a las destrezas marineras de la tripulación. Llegaron a Malta debido a algo que estaba totalmente fuera de su control: el factor viento.

Habían encontrado unos vientos de frente que hacían difícil mantener el rumbo del barco.

El viento estaba en contra de ellos, así que navegaron a sotavento de la isla de Creta.

Un ligero viento comenzó a soplar desde el sur.

Ellos no pudieron hacer girar el barco en el sentido del viento.

Unos vientos con fuerza de tempestad continuaron azotando el barco (Hechos 27.3, 7, 13, 15, 18).

Ya te das cuenta de lo que estaba pasando. El viento parecía estarlos sacando de su rumbo, pero fue precisamente el factor viento el que llevó a Pablo exactamente hasta donde Dios quería que fuera.

No hace mucho tiempo me hallaba en un vuelo al que no se le había dado autorización para salir, debido a los fuertes vientos. El piloto nos informó que, debido a las normas de la aerolínea, él no podía despegar si el viento soplaba con una velocidad de treinta nudos o más. Y mientras estábamos allí en la pista esperando, no pude menos que reflexionar sobre lo incongruente que era la situación. Estábamos sentados en un avión Boeing 737 con dos motores gemelos CFM56-3-B2 que eran capaces de desafiar la ley de la gravedad y darnos la fuerza suficiente para alcanzar una velocidad de crucero de ochocientos quince kilómetros por hora. Pero no podíamos hacer nada por causa del viento. El viento es impredecible e incontrolable. No hay manera de hacer que deje de soplar. No se puede cambiar tampoco la dirección en la cual está soplando. El viento es el viento, y eso es todo.

¿Qué te recuerda esto? «El viento sopla por donde quiere, y lo oyes silbar, aunque ignoras de dónde viene y a dónde va. Lo mismo pasa con todo el que nace del Espíritu» (Juan 3.8).

Jesús comparó al viento con la obra del Espíritu Santo. Algunas veces, el Espíritu es destrezas suave brisa procedente del sur. Otras veces es un viento con fuerza de tormenta que golpea nuestro barco con fuerza. Otras, el Espíritu es un viento de frente que parece frustrar nuestros planes. Y otras veces es el viento que sopla tras nuestras espaldas.

Cazar al Ave Salvaje es reconocer cuál es la dirección en la que sopla el viento, y reaccionar de acuerdo con ella. Esto exige una sensibilidad continua, de momento a momento, hacia el Ave Salvaje. Y tenemos que confiar más en lo que nos señala que hagamos, que en nuestros propios planes. En lugar de sentirnos frustrados peleando contra el viento, valoremos el hecho de que algo incontrolable e impredecible nos va a llevar donde Dios quiere que vayamos.

Cuando vuelvo a mirar el mapa de mi propia caza del Ave Salvaje, me siento agradecido por los naufragios y las mordidas de víboras. Por supuesto, los naufragios son algo temible, y las mordidas de serpiente son dolorosas. Yo no tengo idea de dónde estaría ahora, de no haber sido por algunas desviaciones divinas que ocurrieron a lo largo del camino. Los naufragios y las mordidas de víboras son los que nos hacen lo que somos. Y son las historias que nos encanta contar más tarde en la vida. ¿Cuántas veces piensas que Pablo contó la historia de su naufragio y del momento en que lo mordió la víbora?

LAS PUERTAS CERRADAS

Cuando fallan nuestros planes, eso nos capacita para tener en cuenta otras opciones. Y muchas veces cambia la trayectoria de nuestra vida. Eso es lo que sucedió a principios de nuestra labor en la National Community Church. Nos habíamos estado reuniendo en una escuela pública del DC durante cerca de un año, cuando se nos informó que la iban a cerrar debido a ciertas violaciones en el código de protección contra los fuegos, y que esto se haría efectivo de inmediato.

Sentí como si se nos fuera a hundir el barco. Fácilmente nos habríamos podido convertir en una estadística más dentro del esfuerzo de fundar iglesias, y solo un puñado de personas habría notado la diferencia. Pero Dios usó esa puerta cerrada para señalarnos hacia otra dirección. Yo comencé a buscar distintas opciones de alquiler en Capitol Hill. Y después de tocar en cerca de veinticinco puertas diferentes, la única que se nos abrió fue la de los cines de la Union Station. Y qué gran puerta fue.

Es difícil imaginarse una cabeza de playa más estratégica que los cines de la Union Station, por donde pasan veinticinco millones de visitantes al año. Todo lo que te puedo decir es esto: que le doy gracias a Dios por las puertas que se nos cerraron. Si Dios no nos hubiera cerrado la puerta de aquella escuela pública del DC, no creo que habríamos estado buscando una puerta abierta en los cines.

En el día en que firmé el contrato de alquiler con el cine de la Union Station, recogí un libro titulado *Union Station: A History of Washingtons Grand Terminal* [La Union Station: Una historia de la Gran Terminal de Washington]. Quería saber la historia de aquella estación. Y Dios usó esa historia para darme a mí un sentido de destino.

El 28 de febrero de 1903, el Presidente Theodore Roosevelt firmó la ley del Congreso que autorizaba la creación de la Union Station. Esta ley se limitaba a proclamar: «Una ley del Congreso para crear una Estación de la Unión, y para otros propósitos».

Esa última frase, «y para otros propósitos», fue la que saltó de la página para penetrar en mi espíritu. Theodore Roosevelt pensaba que estaba construyendo una estación de ferrocarril, pero Dios tenía unos motivos mayores que esos. Dios sabía que un siglo después de firmada aquella ley, la Union Station serviría a sus propósitos por medio del ministerio de la National Community Church.

Y todo comenzó por una puerta que se nos cerró.

Una de mis promesas favoritas, que es también una de mis oraciones más frecuentes, se encuentra en Apocalipsis. «Esto dice el Santo, el Verdadero, el que tiene la llave de David, el que abre y nadie puede cerrar, el que cierra y nadie puede abrir: Conozco tus obras. Mira que delante de ti he dejado abierta una puerta que nadie puede cerrar» (Apocalipsis 3.7, 8).

La llave de David es una alusión a Eliaquín, quien ocupaba la posición más elevada dentro de la corte real de Ezequías. Como mayordomo del palacio real, Eliaquín llevaba la llave de la casa de David sobre los hombros. La llave era símbolo de su autoridad. Él era la única persona del palacio que tenía acceso a todas las habitaciones. No había puerta que él no pudiera cerrar. Tampoco había puerta que él no pudiera abrir (Isaías 22.20–24).

Ahora es Jesús el que posee la llave de David. Lo que Él cierra, nadie lo puede abrir, y lo que Él abre, nadie lo puede cerrar. Él mismo es la Puerta (Juan 10.9). Y cuando atravieses esa puerta, nunca sabrás dónde vas a ir, con quién te vas a encontrar, o qué vas a hacer. Él es el Dios que les abre las puertas a prisioneros como Pablo, para que tengan citas divinas con altos funcionarios del gobierno, como Publio.

LOS RETRASOS DIVINOS

A mí no me gustan los retrasos ni las desviaciones en el camino, como no le gustan a nadie. Tengo una personalidad tipo A: quiero llegar donde quiero ir, con tanta rapidez y facilidad como me sea posible.

Cada vez que la familia Batterson sale de vacaciones, sigo un ritual para las carreteras y para el viaje. Llevo el millaje a cero y preparo el contador para que me indique los tiempos transcurridos en nuestro odómetro de lujo; entonces me paso todo el viaje cambiando de una lectura a otra. Mi meta es muy sencilla: ¡Quiero establecer un nuevo récord de velocidad por carretera cada vez que voy a cualquier lugar!

También tiendo a vivir de la misma forma que conduzco un auto. Quiero llegar del punto A al punto B en la menor cantidad de tiempo posible, y por la ruta más fácil que me sea posible. Sin embargo, he llegado a darme cuenta de que *llegar donde Dios quiere que vaya* no es tan importante como *convertirme en el hombre que Dios quiere que sea* mientras me dirijo a ese lugar.

Me parece que algunos de nosotros estamos más interesados por conocer la voluntad de Dios, que por conocer a Dios. Y esto crea un cortocircuito en nuestro crecimiento espiritual. No se puede cumplir con la voluntad de Dios, si no se tiene el corazón de Dios. Y aquí es donde entran en juego los naufragios y las mordidas de víbora. No solo nos llevan donde Dios quiere que vayamos, sino que nos ayudan a convertirnos en quienes Dios quiere que seamos.

Oswald Chambers lo expresó de esta manera:

Nunca debemos considerar que nuestros sueños de triunfar sean el propósito de Dios para nosotros. La cuestión de llegar a un fin en particular es simplemente incidental.

165

Lo que nosotros llamamos proceso, Dios lo llama fin. Su propósito es que yo dependa ahora de Él y de su poder. No es el fin, sino el proceso, el que glorifica a Dios[19].

En estos últimos días, han sido unos cuantos los sueños que se han convertido en realidad. La National Community Church abrió su cuarto local en Georgetown. La *AOL City Guide* votó que Ebenezers era la segunda cafetería en calidad dentro de la zona del DC. Y mi primer libro, *Con un león en medio de un foso,* alcanzó un número de lectores mayor que el que todos esperábamos. Pero ninguno de esos sueños se produjo con rapidez ni con facilidad. A lo largo del camino abundaron las desviaciones y los retrasos.

El crecimiento de la National Community Church no tiene nada de espectacular. Nos tomó casi cinco años crecer desde un grupo inicial de diecinueve personas hasta doscientas cincuenta. Nos tomó ocho años de orar, negociar, lograr la rezonificación y edificar, antes de la gran apertura de Ebenezers. Y aunque ya me había sentido llamado a escribir cuando estaba en el seminario, pasó más de una década antes de que lograra conseguir un contrato con una casa editorial para publicar libros. Todos estos sueños se tomaron un largo tiempo para convertirse en realidades. Y estoy eternamente agradecido de que las cosas fueran así, porque Dios me enseñó unas cuantas lecciones de un valor incalculable.

En primer lugar, aprendí que *mientras más larga sea la espera, más uno valora lo que tiene.* Damos por sentadas aquellas cosas por las cuales no tenemos que esforzarnos, ni las tenemos que esperar. Pero el trabajo fuerte sirve también como seguridad de que habrá agradecimiento. Yo no tomo por sentada la existencia de nuestra cafetería. Cada vez que entro a Ebenezers, comprendo que estoy entrando en un milagro. Si nos hubiera llevado la mitad del tiempo, mi apreciación sería también la mitad de fuerte de lo que es ahora.

En segundo lugar, he aprendido que *algunas veces, lo más espiritual que podemos hacer es limitarnos a mantenernos firmes donde estamos.* Ha habido momentos en los cuales habría deseado que Dios no me hubiera llamado a escribir, porque los sueños sin realizar son francamente deprimentes. Hubo momentos en los que me sentí con deseos de tirar la toalla como escritor, pero cuando uno siente ganas de dejarlo todo, o de ceder, entonces es cuando necesita mantenerse firme, solo por un poco más de tiempo. «El que comenzó tan buena obra en ustedes la irá perfeccionando hasta el día de Cristo Jesús» (Filipenses 1.6). Y no hay nada que cree tanta resistencia emocional y espiritual como los retrasos divinos.

Por último, he aprendido que *el sentido del humor nos puede ayudar a atravesar las situaciones difíciles tan bien como lo que más.* Cuando recuerdo el pasado, veo que algunos de nuestros peores fallos en la NCC se han convertido en nuestros recuerdos más divertidos. Cuando la iglesia tenía una asistencia de cerca de doscientas personas, conseguimos un conjunto musical para dar un concierto, y yo calculaba con optimismo que asistirían cien personas. Solo se presentaron cuatro. ¡Y en el conjunto había siete personas! Nunca en mi vida he deseado más que se produzca el Arrebatamiento que justo antes de entrar al camerino para decirles a los miembros del conjunto que afuera solo había cuatro personas. Toda aquella noche nos sentimos incómodos. ¿Qué hace uno cuando hay más gente en el conjunto que en el público? ¿Poner al público en la plataforma y al conjunto en la sala, donde hay más espacio? En aquellos momentos, fue algo sumamente embarazoso, pero con aquel concierto fracasado nos hemos reído más de lo que te pudieras imaginar.

Aunque pierdas todo lo demás, nunca pierdas tu sentido del humor. El sentido del humor lo ayuda a uno a atravesar prácticamente todas las situaciones. Estoy convencido de que las personas más sanas y más santas son las que más se ríen.

DISFRUTA DEL VIAJE

Cuando estaba en el seminario, me entrevistaron para las credenciales de ministro, y uno de los entrevistadores me hizo una pregunta bastante complicada: «Si usted se tuviera que definir a sí mismo con una sola palabra, ¿cuál sería esa palabra?».

Sin titubear un instante, le respondí: «¡Lanzado!». Y en aquellos momentos, me sentí orgulloso de mi respuesta. Ahora no lo estoy tanto.

Es embarazoso admitirlo, pero mi meta original como fundador de iglesias era pastorear mil personas antes de llegar a los treinta años. Todos nosotros tenemos definiciones subconscientes de lo que es el éxito. Esa era mi definición. Y no tiene nada de malo que nos fijemos unas metas de un tamaño que necesite a Dios, si la motivación es la correcta. El tamaño de nuestros sueños es la medida de nuestra madurez espiritual. Pero el problema que había con aquella meta en particular, es que yo estaba más preocupado por el número que por las personas. Y además de esto, todo lo que nosotros podemos hacer es sembrar y regar. Dios es el que da el crecimiento (1 Corintios 3.7).

Durante nuestro primer año, yo me desanimaba con frecuencia al ver la asistencia a los cultos. No era raro que comenzáramos el culto con solo seis u ocho personas. Recuerdo haber cerrado los ojos durante la adoración, porque era demasiado deprimente abrirlos. Entonces fue cuando comprendí que mi meta era un espejismo. Si no podía disfrutar de la labor de pastorear a veinticinco personas aquí y ahora, era probable que tampoco disfrutara de la labor de pastorear a mil personas allí y después. De manera que tomé dos decisiones. Decidí que iba a ser el mejor pastor que pudiera en cada una de las etapas por las que pasara. Y decidí que iba a disfrutar del viaje.

No sé cuántas habrán sido las desviaciones por las que habrás pasado en la vida. Tampoco sé cuáles son los retrasos por los que habrás pasado. Tal vez tu vida haya dado unos giros inesperados. Tal vez sientas que tus sueños han sido retrasados o desviados. La vida no ha transcurrido de acuerdo con tu plan. Puedo sentir tu frustración la y comprendo. Sin embargo, esa es la esencia de la aventura. Los giros y vueltas impredecibles que da la vida lo pueden volver loco a uno. O puedes aprender a disfrutar del viaje.

Tú eres el que decides.

LA REVOLUCIÓN DE LA DANZA

Hace algunos años, todo nuestro personal estaba en Atlanta, Georgia. Cada año vamos en peregrinaje a la Conferencia de Catalizadores, y aquel año, nuestro equipo estaba en el aeropuerto en espera del vuelo que nos llevaría de vuelta a casa. Yo estaba físicamente agotado y me sentía ansioso por ver a mis hijos, pero los vuelos estaban retrasados debido al mal tiempo. El aeropuerto estaba repleto. Y todo el mundo se sentía un poco frustrado. Así que nuestro equipo decidió divertirse un poco.

Unos meses antes, nuestro personal había aprendido la danza de la película *Napoleón Dynamite* y la había representado en nuestro espectáculo anual de variedades. Así que decidimos sacudirle el polvo y ponernos a danzar. Convertimos la Puerta 10 en nuestro escenario y a los demás pasajeros en nuestra audiencia cautiva. En realidad, nos dieron un buen aplauso, aunque también hubo quienes nos lanzaron una mirada muy extraña.

Teníamos la esperanza de no ver a nadie que conociéramos, puesto que siempre es más fácil hacer algo embarazoso frente a personas extrañas. Sin embargo, una jovencita se nos acercó después de la danza y nos dijo que ella asistía a la National Community Church. De hecho, estaba hablando por teléfono con otra joven, también de la NCC, cuando nosotros comenzamos a danzar. Entonces ella le dijo a su amiga: «No te lo vas a creer. El pastor Mark y el personal de la NCC están danzando en medio del aeropuerto de Atlanta».

Tal como yo lo veo, cuando a uno no le gustan las circunstancias que lo rodean, tiene dos opciones: quejarse de ellas, o sacarles el mayor partido posible.

En palabras de George Bernard Shaw: «Los humanos siempre están culpando a las circunstancias por lo que ellos son. Yo no creo en las circunstancias. Los que progresan en este mundo son los que se levantan y buscan las circunstancias que quieren, y si no las pueden encontrar, las fabrican».

Pero las cosas van más allá aun. No solo necesitas sacarles el mejor partido posible a tus circunstancias; también tienes que darte cuenta de que Dios está en ellas. Y Él puede hacer que todas obren para tu bien. Lo largos que sean el retraso o el desvío no es lo que importa, porque Él siempre los puede hacer obrar juntos para tu bien. Al fin y al cabo, Él se especializa en naufragios y mordeduras de víboras.

TU CAZA

- Cuando recuerdas un suceso que te desanimó grandemente en su momento, ¿qué razones puedes ver que tuviera Dios para permitir que ese suceso se produjera?
- Piensa en algún «fracaso» que hayas tenido últimamente. En los planes de Dios, ¿cómo se podría convertir en un desvío, en lugar de ser un callejón sin salida?
- ¿Cómo ves tú que los problemas, las desilusiones y las sorpresas de la vida te van transformando en la persona que Dios quiere que seas?
- ¿En qué punto estás en la escuela de la confianza en la soberanía de Dios? ¿Estás empezando el nivel de la escuela secundaria? ¿Estás trabajando en tu tesis doctoral? ¿O acaso todavía te dedicas a fabricar cadenas de papeles de colores en el jardín de la infancia?
- «Los giros y vueltas impredecibles que da la vida lo pueden volver loco a uno. O puedes aprender a disfrutar del viaje». ¿Dónde te encuentras en este mismo momento: te has vuelto loco, o te estás divirtiendo locamente?

CAPÍTULO 7

UNAS BUENAS AGALLAS A LA ANTIGUA

Cómo salir de la jaula del temor

El precio de nuestra vitalidad es la suma de todos nuestros temores.

—DAVID WHYTE

Dos psicólogos de la Universidad de Michigan realizaron un fascinante estudio que arroja luz sobre el temor a las pérdidas[20]. Unos voluntarios se pusieron gorras que contenían electrodos y, mientras ellos se dedicaban a un juego de apuestas simulado por computadora, los investigadores iban analizando la actividad eléctrica de sus cerebros según reaccionaban cuando ganaban o cuando perdían. Este juego de apuestas les permitía a los sujetos hacer una apuesta del cinco, o del veinticinco por ciento, y después que ellos escogían, el cuadro que marcaban se volvía verde o rojo, lo cual indicaba si la apuesta era sumada a sus ganancias, o si era restada de ellas.

Cada vez que se hacía una apuesta, la corteza frontal media de sus cerebros mostraba un aumento en la actividad eléctrica en cuestión de milisegundos. Pero lo que intrigó a los investigadores era que la negatividad frontal media presentaba una caída mayor después de una pérdida, que el aumento en la positividad frontal media después de una ganancia. De hecho, durante una cadena de pérdidas, la negatividad frontal media iba descendiendo cada vez más con cada pérdida. Es decir, que cada pérdida se iba sumando a las pérdidas anteriores. Los investigadores llegaron a una conclusión sencilla, pero profunda: *las pérdidas pesan más que las ganancias*. En otras palabras, la aversión a tener una pérdida de cierta magnitud es mayor que la atracción hacia una ganancia de la misma magnitud.

Tal vez eso ayude a explicar por qué tanta gente vive a la defensiva. Tal vez esa sea la razón de que nos centremos más en los pecados de comisión que en los de omisión. Y es posible que esa tendencia neurológica sea una de las razones por las cuales muchos de nosotros percibimos la voluntad de Dios con un enfoque de «mejor estar seguro que tener que lamentarse». En lugar de lanzarnos a la caza del Ave Salvaje, nos quedamos atrapados en la jaula del temor, y no buscamos a Dios con pasión, ni descubrimos cuál es la clase de aventura que Él tiene para nosotros en la edificación de su reino.

La mayoría de nosotros actuamos de una manera demasiado tentativa cuando se trata de la voluntad de Dios. Permitimos que sean nuestros temores los que dicten nuestras decisiones. Tenemos tanto miedo de tomar una decisión incorrecta, que no tomamos ninguna. Y lo que no llegamos a comprender es que la indecisión es en sí una decisión. Y es nuestra indecisión la que nos mantiene enjaulados, no nuestras malas decisiones. Tal vez necesitemos enfrentarnos a otro aforismo: sin riesgos no hay ganancias.

Lo que más falta en la iglesia de Jesucristo no son ni estudios ni recursos. Por supuesto, debemos seguir aprendiendo, pero la mayoría de nosotros tenemos un nivel de estudios que se halla mucho más allá del nivel de nuestra obediencia. Y por supuesto, debemos seguir dando, pero no nos faltan los recursos necesarios para aliviar la pobreza, luchar contra la injusticia o propagar el evangelio. Somos la iglesia con mayores recursos, y en el país con más recursos que el mundo haya conocido jamás. ¿Sabes qué es lo que más nos hace falta? ¡Unas buenas agallas a la antigua!

Necesitamos personas que tengan más temor a perder oportunidades que a cometer errores. Personas que teman más tener que estarse lamentando toda la vida, que fracasar temporalmente. Personas que se atrevan a soñar lo impensable y a intentar lo imposible.

Y aquí entra Jonatán en escena.

UNOS PLANES TEMERARIOS

Sucedió en los primeros tiempos del reinado de Saúl, cuando los filisteos que estaban junto a la frontera occidental de los israelitas amenazaban con desestabilizar a la nación. ¿Quién realizaría la valiente acción que se necesitaba con toda urgencia?

Cierto día, Jonatán hijo de Saúl, sin decirle nada a su padre, le ordenó a su escudero: «Ven acá. Vamos a cruzar al otro lado, donde está el destacamento de los filisteos.» Y es que Saúl estaba en las afueras de Guibeá, bajo un granado en Migrón, y tenía con él unos seiscientos hombres. El efod lo llevaba Abías hijo de Ajitob, que era hermano de Icabod, el hijo de Finés y nieto de Eli, sacerdote del Señor en Silo.

Nadie sabía que Jonatán había salido, y para llegar a la guarnición filistea Jonatán tenía que cruzar un paso entre dos peñascos, llamados Bosés y Sene. El primero estaba al norte, frente a Micmás; el otro, al sur, frente a Gueba. Así que Jonatán le dijo a su escudero:

—Vamos a cruzar hacia la guarnición de esos paganos. Espero que el Señor nos ayude, pues para él no es difícil salvarnos, ya sea con muchos o con pocos.

—1 Samuel 14.1–6

No estoy tratando de psicoanalizar a alguien que vivió hace miles de años, pero me parece que se puede decir con bastante seguridad que Jonatán tenía una corteza frontal media santificada. No permitía que sus temores dictaran sus decisiones. Jugó a la ofensiva con su propia vida. Subió valerosamente los riscos de Micmás y buscó pelea con el ejército filisteo. Y me encanta la forma en que algunas biblias titulan este relato: «El temerario plan de Jonatán».

Para serte sincero, en parte, la razón por la que me encanta el temerario plan de Jonatán es que me hace sentir mejor con respecto a mis ideas pobres. Lo que hizo, tiene que haber sido la peor estrategia militar de la que yo haya oído hablar jamás. Jonatán se presentó abiertamente ante el enemigo, a plena luz del día. Abandonó la ventaja del lugar alto en que se encontraba, y después le vino a la mente esta señal: «Pero si [los filisteos] nos dicen: "¡Vengan acá!", avanzaremos, pues será señal de que el Señor nos va a dar la victoria» (1 Samuel 14.10).

Lo siento, pero si yo estuviera inventando las señales, haría exactamente lo contrario. Si ellos *vienen donde estamos nosotros*, esa será nuestra señal. O mejor aún: Si ellos *se caen por el despeñadero*, esa será nuestra señal de que el Señor los está entregando en nuestras manos. ¡Pero no! El plan de Jonatán era mucho más difícil, peligroso y atrevido que todo eso.

¿Has subido alguna vez por un despeñadero? Yo fui a hacer alpinismo una vez, y las manos se me quedaron cerradas como si fueran garras durante dos horas después de solo veinte minutos de subida. Fue una experiencia humillante y agotadora. Créeme; a nadie se le ocurriría dedicarse a hacer alpinismo antes de pelear a espada. Además de esto, no había garantías de que Jonatán llegara siquiera a la parte superior del peñasco. No parece muy posible que los filisteos le hubieran lanzado una soga. Y para completar, aunque Jonatán llegara hasta arriba, el número de guerreros enemigos lo superaba con creces, no tenía refuerzos y carecía de un plan de retirada. El plan de batalla era terrible, pero hay que acreditarle algo a Jonatán ¡Decididamente, era un plan temerario!

¿Qué motivó a Jonatán a escalar por aquel peñasco? ¿Dónde halló las agallas que necesitaba para hacerlo? Y, ¿cómo supo que esa era la voluntad de Dios? Es imposible saber con exactitud qué pensamientos tenía en la mente, pero hay un versículo que sí revela la estructura mental de Jonatán: «Espero que el Señor nos ayude» (1 Samuel 14.6).

Me encanta ese modus operandi. Y pienso que fue la convicción de que Dios actuaría a favor suyo si él daba un paso de fe la que le dio a Jonatán las agallas que necesitaba para subir por aquel peñasco.

Hay entre nosotros quienes tienen la manera opuesta de funcionar: tal vez el Señor *no* nos vaya a ayudar. Vivimos por temor, en lugar de vivir por fe. Y esa falta de fe tiene por consecuencia una falta de valentía.

Jonatán no esperó a que sucediera algo. Él fue quien hizo que algo sucediera. Entró en acción e hizo algo temerario. Y aquella sola decisión temeraria fue suficiente para transformar el impulso y crear un momento crítico. «Así libró el Señor a Israel aquel día» (1 Samuel 14.23).

La voluntad de Dios *no* es un plan de seguro. ¡La voluntad de Dios es un plan de temeridad! ¿Cuándo fue la última vez que leíste el capítulo once de la carta a los Hebreos? No todas las historias que aparecen allí terminan con un éxito evidente. Hubo quienes fueron aserrados por la mitad, apedreados hasta morir y encadenados en mazmorras. Pero nuestra caza del Ave Salvaje no termina cuando morimos. De hecho, la muerte solo es el comienzo. Y esa perspectiva eterna es la que nos da el valor necesario para salirnos de la jaula y vivir peligrosamente por la causa de Cristo, aunque hacerlo signifique la muerte.

Lo más frecuente es que la voluntad de Dios incluya una temeraria decisión que parezca nada segura, o incluso una locura. Pero si tienes las agallas necesarias para subir por el peñasco, el Ave Salvaje se encontrará contigo encima de él.

SANGRE Y AGALLAS

Recientemente, para celebrar nuestro aniversario, Lora y yo pasamos unos cuantos días en la Ciudad Eterna. Entre largas cenas en los cafés de las aceras, visitamos diversos sitios históricos dispersos por toda Roma, donde los cristianos de los primeros siglos fueron perseguidos por su fe antes que el emperador Constantino hiciera del cristianismo la religión oficial del imperio romano en el año 313. Visitamos mazmorras donde mantenían prisioneros a los cristianos, coliseos donde se los lanzaban como alimento a los animales salvajes, solo por entretenerse, y catacumbas donde arriesgaban su vida para adorar a Dios en secreto.

Nos es fácil olvidar de dónde venimos, ¿no es verdad? Yo creo que el *Libro de los Mártires* de Foxe debería ser de lectura obligatoria para todos los cristianos del siglo veintiuno que vivan en un país del primer mundo, porque la mayoría de nosotros no sabemos valorar completamente los sacrificios extremos que hicieron, y los valerosos riesgos que corrieron nuestros predecesores espirituales.

Analiza la descripción que hace Mateo de la iglesia en sus principios. «El reino de los cielos ha venido avanzando contra viento y marea, y los que se esfuerzan logran aferrarse a él» (Mateo 11.12). En el siglo primero, la iglesia era de todo, menos un lugar seguro. Era un lugar peligroso. Pero a pesar de las persecuciones, la iglesia naciente siempre jugaba a la ofensiva. Hay una traducción del versículo anterior que dice: «Desde los días de Juan el Bautista hasta ahora, el reino de los cielos sufre violencia, y los violentos lo arrebatan» (Mateo 11.12, RVR1960).

Formar parte del reino de Dios es algo que no tiene ni remotamente nada de pasivo. Somos llamados a extender con todas nuestras fuerzas la causa de Cristo. La fidelidad *no* consiste en conservar nuestro fuerte. La fidelidad consiste en tomar por asalto las puertas del infierno.

Me han inspirado un grupo de misioneros de principios del siglo veinte que recibían el nombre de «misioneros de ida solamente», porque empacaban todas sus posesiones terrenales en ataúdes y compraban billetes de ida solamente cuando se marchaban para el campo misionero. Sabían que nunca regresarían a su lugar de origen. Se cuenta la historia de uno de estos misioneros, llamado A. W. Milne, quien se sintió llamado a una tribu de cazadores de cabezas en las Nuevas Hébridas. Todos los demás misioneros que se habían acercado a aquella tribu habían sido martirizados, pero eso no impidió que Milne se lanzara a cazar al Ave Salvaje. Vivió en medio de la tribu durante treinta y cinco años, y nunca regresó a su tierra. Cuando la tribu lo sepultó, escribió el siguiente epitafio sobre su lápida: «Cuando él vino, no había luz. Cuando se fue, no había tinieblas».

¿Cuándo sería que comenzamos a creer que Dios nos quiere enviar a lugares seguros para hacer cosas sencillas? Dios nos quiere enviar a lugares peligrosos para hacer cosas difíciles. Y si te lanzas a la caza del Ave Salvaje, Él te guiará a las tierras de las penumbras, donde chocan la luz y las tinieblas.

¿Me atrevo a sugerir que la iglesia del siglo veintiuno necesita más gente temeraria que planes osados?

Mi amigo Mike Foster fue cazando al Ave Salvaje hasta un lugar tenebroso hace unos años. Él estaba profundamente preocupado por el efecto que la pornografía estaba teniendo en la cultura de los Estados Unidos, de manera que decidió infiltrarse en la industria de las películas para adultos con el amor de Cristo y distribuir biblias que decían: «Jesús ama a las estrellas porno» en las convenciones de pornografía. Ese plan sí que es temerario. Mike necesitó unas buenas agallas a la antigua para defender su posición a favor de la santidad de la vida sexual. Cuando estaba preparando su exhibición de la XXXchurch.com en su primer espectáculo pornográfico en Las Vegas, le pasó un pensamiento por la cabeza: ¿Qué estoy haciendo yo aquí?

¿Me das permiso para hablarte con franqueza? Para poder cumplir con la misión que tenemos desde la antigüedad, necesitamos salir de los cómodos confines de nuestros guetos cristianos para invadir algunos hoyos infernales con la luz y el amor de Cristo. Eso es precisamente lo que hizo Mike, y miles de adictos a la pornografía han hallado libertad y perdón como consecuencia.

En palabras de otro temerario misionero del siglo veinte, C. T. Studd: «Algunos quieren vivir tan cerca de la iglesia que puedan oír su campana cuando suena; yo quiero manejar un taller de rescate a menos de un metro del infierno». ¡La iglesia necesita más gente como Studd! Y te doy permiso para que digas que fui yo quien te lo dije.

LA FORMA MÁS DURA

Me parece que tenemos unos supuestos falsos acerca de la voluntad de Dios. En nuestro subconsciente pensamos que se debería ir volviendo más fácil mientras más tiempo llevemos siguiendo a Cristo. Permíteme que retroceda un instante. Por supuesto, creo que hay algunas dimensiones del crecimiento espiritual que se hacen más fáciles con la práctica constante de las disciplinas espirituales. Pero también creo que el crecimiento espiritual nos prepara para misiones más peligrosas. Mientras más crezcamos, más difíciles serán las cosas que Dios nos pondrá a hacer.

La National Community Church abrió su cuarto local en Georgetown el año pasado, pero Georgetown no era lo que pretendíamos hacer primero. Cuando comenzamos a reconocer el terreno, de manera natural y sin pensarlo, buscamos un lugar que pensábamos que sería el más fácil para abrir un local, y decididamente, ese lugar no era Georgetown. No quiero exagerar el reto que este lugar significaba, pero tengo un amigo que pastorea una iglesia en la zona de Georgetown, y la llama «un cementerio para fundadores de iglesias», por la gran cantidad de intentos por fundar iglesias que no han podido echar raíces allí. Es uno de los suelos más duros del DC. Pero después de meses de oración, de unas cuantas puertas que se nos cerraron, y de un sueño enviado por Dios, llegamos a la conclusión de que la vía de la menor resistencia era la ruta equivocada para nosotros. No estoy diciendo que no debamos fundar iglesias donde podemos esperar un crecimiento mayor, pero algunas veces Dios nos llama a hacer algo más difícil o a ir a un lugar más peligroso.

Raras veces el Espíritu Santo nos guía por la vía de la menor resistencia. Es algo que no está en su naturaleza. Adaptando unas palabras de Robert Frost, es muy probable que nuestra caza del Ave Salvaje nos lleve por el camino menos transitado. Tendremos que trepar por un peñasco para pelear con el enemigo. Pero descubriremos esta sencilla verdad: la forma más dura es la mejor.

Permíteme que compare y contraste dos días en la vida de Mark Batterson.

Hace poco, nuestra familia estaba en el centro comercial, donde habíamos ido para que les cortaran el cabello a nuestros hijos, y cuando salíamos, pasamos junto a una tienda Brookstone. A mí me encanta visitar las tiendas Brookstone. En realidad, no creo que haya comprado algo jamás en una de ellas, pero sus sillas de dar masajes son asombrosas. En ese día en particular, era como si las estrellas se hubieran alienado, porque las cinco sillas de dar masajes estaban vacías. Así que todo nuestro clan se pasó quince minutos «comprando» en Brookstone. Y para rematar, en la tienda estaban tocando un CD de *80s Forever*. No se puede pedir mucho más que eso.

A todo el mundo le gusta un poco de descanso y relajamiento de vez en cuando. Y no tiene nada de malo el que holgazaneemos un poco en una silla de dar masajes. Ahora bien, ¿es eso lo que hace que valga la pena estar vivo? Detente a pensarlo. ¿Cuáles son tus recuerdos más preciados? No son las victorias fáciles ni los retos de poca importancia, ¿no es así? Los recuerdos más grandes son las victorias más difíciles y los retos más grandes. Los días que más nos satisfacen no son los días en los cuales no tenemos nada que hacer. Los que más nos satisfacen son los días más duros; en los cuales hemos tenido que hacer de todo, y lo hemos logrado.

Hace algunos años, yo formaba parte de un equipo que se pasó una semana haciendo labor humanitaria y misionera en Adís Abeba, la capital de Etiopía. Uno de los proyectos consistía en construir una choza de adobe para una abuela arrugada y encorvada que se había pasado la mayor parte de la vida en una choza destartalada que no puede haber tenido más de nueve metros cuadrados. En la choza no había agua corriente ni electricidad. Y el suelo era de tierra apisonada. Pero al final del día, la anciana tenía sobre su cabeza un nuevo tejado de zinc y unas paredes de adobe nuevas. ¡Y a juzgar por su reacción, cualquiera habría pensado que le acabábamos de construir su mansión celestial!

Aquel día fue uno de los más memorables de mi vida, porque fue uno de los días de mayor desafío físico de todos cuantos he experimentado. Nuestro día comenzó poco después del amanecer, y trabajamos hasta bien entrada la noche. Mezclábamos el lodo y la paja con los pies. Aquello era como pasarse doce horas en un aparato de ejercicios StairMaster con el máximo de inclinación. Mis cuadríceps femorales ya estaban gritando. Y el trabajo le acababa con la espalda a cualquiera. Transportábamos el lodo sin la ayuda de unas carretillas y lo lanzábamos a las paredes con las manos desnudas. Cuando terminamos, todo mi cuerpo olía y parecía hecho de aquel lodo con color de arcilla.

Cuando me dormí aquella noche, tuve una sensación de satisfacción espiritual que no puedo expresar con palabras. Estaba totalmente exhausto, pero sentía que era lo más cerca que había estado jamás de cumplir con una cuarta parte del mayor de los mandamientos: «Ama al Señor tu Dios [...] con todas tus fuerzas» (Marcos 12.30).

Me imagino que Jonatán cayó como una piedra en la cama después de haber trepado por aquel peñasco y luchado contra los filisteos. Le dolían todos los músculos mientras repasaba con la mente los sucesos del día. Nunca se había sentido más exhausto. Sin embargo, tampoco se había sentido nunca tan lleno de energías. Había experimentado el santo torrente de adrenalina que es consecuencia de que nos hayamos salido de la jaula para cazar al Ave Salvaje.

UN DEPORTE PARA ESPECTADORES

«Saúl estaba en las afueras de Guibeá, bajo un granado en Migrón» (1 Samuel 14.2).

¡Vaya estudio de contrastes! Lo que Saúl *no hizo* es tan significativo como lo que *sí hizo* Jonatán. Mientras su hijo andaba trepando peñascos y enfrentándose al enemigo, Saúl estaba sentado bajo un granado en las afueras de Guibeá. La imagen mental que tengo es la de Saúl echándose semillas de granada en la boca, mientras se abanicaba con hojas de palma.

¿Notas lo que hay de incorrecto en esta imagen?

Los filisteos controlaban el paso de Micmás. En su condición de líder del ejército de Israel, Saúl habría debido estar en batalla, en lugar de haberse acomodado allí. Pero estaba sentado en algún lugar de los alrededores, en vez de estar peleando en el frente de batalla. Y no es esa la única vez. También estaba sentado donde no debía cuando David peleó con Goliat. Así que permíteme llamarlo como yo lo veo. Saúl era un espectador espiritual[21]. En lugar de jugar a ganar, estaba jugando a no perder. Era un espectador en el juego de la vida. Se contentaba con dejar que otros pelearan por él sus batallas.

Prefiero que esto se entienda más como un desafío que como una crítica, pero me temo que hemos convertido a la iglesia en un deporte para espectadores. Entre nosotros, somos demasiados los que nos contentamos con dejar que un líder espiritual busque a Dios por nosotros. Como los israelitas, queremos que sea Moisés quien suba por nosotros a la montaña (Éxodo 20.18, 19). Al fin y al cabo, es mucho más fácil dejar que sea otro el que ore por nosotros, o estudie por nosotros. O sea, que la iglesia fomenta sin proponérselo una sutil forma de codependencia espiritual.

Yo en realidad creo que la iglesia desempeña un papel de importancia en el ritmo espiritual de nuestra vida (Hebreos 10.25). Y experimentamos una sinergia única cuando nos reunimos como seguidores de Cristo y adoramos a Dios colectivamente. Ahora bien, ¿crees en verdad que el sueño máximo de Dios con respecto a tu vida es verte sentado en una banca durante hora y media todos los domingos, escuchando un mensaje y cantando unos pocos cantos? ¿Es ese el barómetro de la madurez espiritual? ¡De ninguna manera!

Me pregunto si hemos olvidado que cuando salimos de la reunión en la iglesia, no salimos de la presencia de Dios. Nos llevamos con nosotros esa presencia de Dios dondequiera que Él nos lleve.

Es muy fácil convertir la iglesia en un fin, en lugar de que sea un medio para lograr un fin. Vamos a la iglesia y pensamos que hemos cumplido con nuestro deber religioso. Aprendemos menos y hacemos más, al mismo tiempo que pensamos que estamos cumpliendo el plan de Dios para nuestra vida.

La condición de espectadores espirituales toma muchas formas, y algunas de ellas parecen realmente nobles. Por ejemplo, yo creo que dar para las misiones es la inversión económica más grande que podemos hacer. Sin embargo, como todas las demás cosas, es algo que podemos hacer movidos por razones correctas, o por razones incorrectas. Algunas veces me pregunto si no escribiremos los cheques únicamente para aliviar nuestra conciencia. Damos, para que sea otro el que vaya. Pero si Dios nos está llamando a ir, y todo lo que hacemos es dar, entonces dar se convierte en realidad en una forma de desobediencia.

Me da la impresión de que cada uno de nosotros tiene dentro un pequeño Saúl. En nuestro interior, lo que queremos es que Dios derrote al enemigo mientras nosotros nos sentamos debajo de un granado en las afueras de Guibeá. Queremos que Dios haga algo por nosotros, sin que nosotros hayamos hecho nada para Él. Pero si nosotros no hacemos nada, no sucederá nada.

Tienes que tomar la iniciativa. Tienes que escalar el peñasco. Tienes que buscar pelea.

EL EFECTO DOMINÓ

El 31 de octubre de 1517, un fraile agustino llamado Martín Lutero se buscó una pelea. Tuvo la audacia de desafiar al statu quo, al atacar la venta de indulgencias (tarjetas para que los pecadores salieran libres del purgatorio). Lutero clavó un documento con noventa y cinco tesis en las puertas de la iglesia del Castillo de Wittenberg, Alemania, y así echó a andar la Reforma Protestante.

No soy historiador, ni hijo de historiador, pero permíteme hacer una observación. Hay pequeños actos de valentía que cambian el curso de la historia. Alguien tiene el valor de hacer algo para lo cual hacen falta agallas, y lo que hace tiene un efecto dominó. No creo que Martín Lutero pensara que estaba haciendo historia mientras la estaba haciendo. Solo estaba haciendo lo que él creía correcto, cualesquiera que fueran las circunstancias o las consecuencias.

Llega un momento en que las cosas ya no pueden seguir como van. Uno se cansa de jugar a no perder. Se cansa de mantener el statu quo. Se cansa de tomar decisiones sobre la base de su comodidad personal. Y es entonces cuando necesita ponerse en pie, entrar en acción o salir de donde está.

En la Dieta de Worms, en 1521, Martín Lutero fue llamado por el emperador del Sacro Imperio Romano-Germánico Carlos V de Alemania y I de España, a comparecer ante su presencia, y se le juzgó por sus creencias. Pero en vez de retractarse, Lutero se armó de la valentía moral suficiente para mantenerse firme. «Mi conciencia ha sido tomada cautiva por la Palabra de Dios. No puedo ni quiero retractarme de nada. Porque actuar contra nuestra conciencia, ni es seguro para nosotros, ni nos está permitido. En esto me mantengo firme. No puedo hacer otra cosa. Que Dios me ayude. Amén».

Ahora, permíteme acercar todo esto un poco más a tu situación. ¿Cuál es el despeñadero por el que necesitas subir? ¿Dónde necesitas comenzar a mantenerte firme en lugar de retroceder? ¿Cuál sería el pequeño acto de valor que cambiaría el curso de tu vida?

Mi amigo Craig Groeschel, pastor de LifeChurch.tv, afirma: «La diferencia entre donde estás y donde Dios te quiere podría ser esa dolorosa decisión que te niegas a tomar».

VALENTÍA INTELIGENTE

Antes de seguir adelante, me parece que necesito hacer una distinción entre dos tipos de valentía: la valentía tonta y la inteligente.

Por supuesto, no estoy abogando por el tipo de valentía que exige muchas agallas y muy poca inteligencia.

Cuando yo estaba en la escuela secundaria, tenía un auto que era afectuosamente conocido como el Batimóvil. Pero no dejes que su nombre te engañe. Era un Dodge Colt de 1984. Y no estoy seguro de la clase de motor que tenía, ¡pero sí estoy seguro de que era un motor, o de gokart o de cortadora de césped! Sin embargo, a pesar de lo limitado que era su potencia, logré que ese auto hiciera algunas cosas asombrosas.

Una noche, después de una tormenta de nieve, iba atravesando en el auto el estacionamiento de un centro comercial con unos amigos. Las excavadoras de nieve ya habían pasado, así que había inmensos bancos de nieve amontonada en diversas partes del estacionamiento. Fue entonces cuando uno de mis amigos hizo una profunda observación: «Me pregunto si los autos pueden atravesar esos bancos de nieve». Yo decidí averiguarlo. Retrocedí unos cincuenta metros, alcancé una velocidad de cerca de sesenta kilómetros por hora, y… bueno, mis amigos me dijeron que fue la explosión más maravillosa que ellos habían visto. Imagínate un globo de nieve bien sacudido, y tendrás una idea.

Y también descubrí que no, no se puede atravesar un banco de nieve. Y si uno lo intenta (cosa que no recomiendo), es probable que su auto vaya a parar a la parte superior del banco de nieve en un ángulo un tanto extraño. Y cuando el conductor de la grúa vea tu vehículo, en su rostro se dibujará una expresión de perplejidad: ¿Cómo habrá podido ir a parar ese auto allá arriba?

Me hizo falta mucha valentía para conducir el auto hasta aquel banco de nieve… ¡mucha valentía de la tonta! La valentía tonta consiste en arriesgar algo a cambio de nada. No se piensa en lo que puede suceder. Y no se gana nada. Es la clase de valentía que no tiene en cuenta las consecuencias.

En cambio, la valentía inteligente calcula el precio, valora la relación entre el riesgo y la recompensa, y es debidamente diligente. No se tira a lo loco. Piensa lo que va a hacer. Y después de haber tenido en cuenta todas las consecuencias, hace lo que es correcto, cualesquiera que sean las circunstancias.

No tengo idea de cuáles eran las posibilidades que tenían Jonatán y su escudero en su contra. Pero Jonatán sabía a qué se estaba enfrentando. Y también sabía que él y su padre eran los únicos en todo Israel que tenían espadas (1 Samuel 13.22). Por tanto, si él no retaba el statu quo, ¿quién lo iba a hacer? Era una decisión en la que se jugaba la vida, pero no era alocada. Los riesgos personales eran grandes. Él y su escudero habrían podido morir en el campo de batalla. Pero la recompensa pesaba más que el riesgo.

JUGAR A LA OFENSIVA

Para lanzarte a cazar al Ave Salvaje, necesitas jugar a la ofensiva. Jugar a no perder no resuelve nada. ¡Tienes que jugar para ganar!

En algún momento de tu vida espiritual, tienes que tomar la decisión de salirte de la jaula. Tienes que dejar de vivir a la defensiva, y comenzar a vivir de una manera peligrosa por la causa de Cristo. Tienes que dejar de repetir el pasado y comenzar a crear el futuro. Tienes que dejar de permitir que la vida simplemente te sobrevenga, y comenzar a hacer que las cosas sucedan como deben suceder.

Ted Leonsis es un prominente personaje de Washington que hizo su fortuna como ejecutivo de AOL. Es altamente considerado como empresario y filántropo. Y es dueño de una de nuestras franquicias deportivas locales, el equipo de hockey de los Washington Capitals.

Ted ha tenido unos logros increíbles, pero déjame que te cuente cómo llegó a donde está hoy. Fue una experiencia cercana a la muerte la que lo puso a la ofensiva. En 1983, a los veinticinco años de edad, Ted Leonsis estaba en un vuelo de la línea aérea Eastern que perdió la capacidad de usar las aletas de sus alas y el tren de aterrizaje. Mientras las azafatas preparaban a los pasajeros para un aterrizaje forzoso, Ted comenzó a pensar en lo que haría si sobrevivía. «Me prometí a mí mismo que si no moría», diría más tarde, «jugaría a la ofensiva durante el resto de mi vida».

Leonsis sobrevivió al aterrizaje, y cumplió lo que se había prometido. Hizo una lista de ciento una metas[22]. Hasta el presente, ha marcado como logradas setenta y cuatro metas de su lista original. Y no son metas de la variedad que se encuentra en cualquier jardín. Son metas audaces, difíciles y grandes[23]. He aquí algunas de las metas que Ted Leonsis ya ha logrado:

- Crear la compañía de medios de comunicación más grande del mundo.
- Ser dueño de su propio avión de propulsión a chorro.
- Dar un millón de dólares para la Universidad de Georgetown.
- Comenzar una fundación familiar.
- Ser dueño de una franquicia deportiva.
- Producir un programa de televisión.
- Llegar a un cargo por votación.
- Tener unos ingresos netos de cien millones de dólares después de pagar los impuestos. (Dicho sea de paso, ¡yo me contentaría con los cien millones de dólares *antes* de pagar los impuestos!)

Me encanta la lista de metas que se fijó Leonsis para su vida[24]. Y te animaría a que te hagas tu propia lista. Creo que es una manera práctica de darle expresión al lema de Leonsis: «Juega a la ofensiva».

¿Sabes por qué la mayoría de nosotros no estamos jugando a la ofensiva en nuestra vida? Muy sencillo. Porque no tenemos ninguna meta establecida. Yo sé que no todo el mundo tiene una personalidad de las que se fijan metas. Pero si has leído hasta este momento, me parece que te puedo empujar un poco más allá: la falta de metas es una falta de fe. La Biblia dice: «La fe es la garantía de lo que se espera» (Hebreos 11.1). Pero la mayoría de nosotros estamos más seguros de lo que tememos, que de lo que esperamos.

¿Sabes por qué la mayoría de nosotros nunca logramos lo que queremos? Porque no sabemos qué queremos. Queremos ser exitosos. Sin embargo, nunca ni siquiera nos hemos tomado el tiempo necesario para definir el aspecto que tendría para nosotros el éxito desde el punto de vista de nuestra ocupación, nuestras relaciones o nuestra espiritualidad.

Según un proverbio bíblico, «donde no hay visión, el pueblo se extravía» (Proverbios 29.18). El verbo *extraviarse* traduce la idea de una fruta que ya ha pasado su mejor momento. Ahora ya no está madurando, sino que se está pudriendo. Una visión que Dios ha puesto en nosotros es un conservante sobrenatural. No solo nos mantiene jóvenes, sino que nos mantiene a la ofensiva.

Necesitas una visión para tu matrimonio. Necesitas una visión para tu familia. Necesitas una visión para tu profesión. Y necesitas una visión para tu vida.

Somos demasiados los que vivimos con una ausencia total de alternativas, en lugar de vivir de acuerdo con un diseño pensado. Por esa razón, vamos por la vida jugando a la defensiva, y no a la ofensiva. Pero he aquí algo de lo cual yo estoy seguro: nadie logra ninguna de las metas que no se ha fijado.

Ahora bien, por supuesto que no estoy abogando porque salgas a fijarte un montón de metas egoístas. Si lo haces, Dios no las va a bendecir, y espiritualmente te iría mejor si no las lograras. No estoy hablando de metas fabricadas dentro de la mente humana. Estoy hablando de metas de fe que son inspiradas por Dios dentro del contexto de la oración. La motivación que te impulse debe ser llevar al máximo el potencial que Dios ha puesto en ti. Y tu meta más elevada debe ser darle la gloria a Dios.

No te equivoques. Las ambiciones egoístas son malas (Filipenses 2.3). En cambio, las aspiraciones que vienen de Dios son buenas. Nunca he conocido a nadie que haya tenido unas aspiraciones excesivas con respecto a las cosas de Dios. Necesitamos tener sueños del tamaño de Dios. Y no porque necesitemos fabricarnos una fama, porque siempre las metas egoístas tienen por consecuencias unas victorias superficiales. Necesitamos tener sueños del tamaño de Dios, porque son las únicas cosas que nos harán caer de rodillas y nos mantendrán en una dependencia absoluta con respecto a Dios, tal como era nuestro destino.

¿Te puedo confiar una convicción mía? Yo pienso que la visión es la cura del pecado. Una razón por la que muchos seres humanos se enredan en el pecado, es porque no tienen suficiente visión dada por Dios para mantenerlos ocupados. Mientras más visión tengas, menos pecarás. Y mientras menos visión tengas, más pecarás. Las visiones que nos vienen de Dios son las que nos mantienen jugando espiritualmente a la ofensiva.

Con demasiada frecuencia tratamos de dejar de pecar a base de no pecar. Eso es lo que los psicólogos llaman una «doble atadura». Es algo así como decir: «Sé espontáneo». ¡Ahora ya no puedes ser espontáneo, porque yo te he dicho que lo seas! Para dejar de pecar, lo que necesitamos es una visión del tamaño de Dios que consuma todo nuestro tiempo y nuestra energía.

LA GRAN CAUSA

Sé lo que debes estar pensando: está bien esa idea de «jugar a la ofensiva con la vida», pero yo no soy Jonatán.

Me doy cuenta de que no todo el mundo puede ser un Jonatán. En cambio, todos sí podemos ser al menos escuderos. Me encanta la respuesta que le dio el escudero de Jonatán a su desafío: «¡Adelante! […]Haga usted todo lo que tenga pensado hacer, que cuenta con todo mi apoyo» (1 Samuel 14.7). Sin el escudero, Jonatán no habría podido escalar aquel peñasco.

Solo y sin ayuda, no puedes llegar adonde Dios quiere que vayas. Si te es útil, te diré que la mayor parte de mis metas en la vida abarcan también a mi esposa y mis hijos. ¿Por qué? Porque lograr algo juntos convierte una meta en una misión conjunta, una comisión.

Te quiero animar a que escribas tu propia lista de metas para la vida. Pero también te quiero recordar que formas parte de la mayor de las metas que hayan sido fijadas jamás. No sé lo que tendemos a pensar acerca de Jesús como fijador de metas. Sin embargo, nadie tuvo sueños más grandes que Jesús. No conozco una meta más grandiosa ni mayor que la establecida por Jesús de Nazaret en el siglo primero: «Vayan por todo el mundo y anuncien las buenas nuevas a toda criatura» (Marcos 16.15).

¡Esa sí que es una meta del tamaño de Dios!

La llamamos la Gran Comisión, pero si te sirve de ayuda, piensa en ella como la Gran Visión. En el momento en que depositamos nuestra fe en Cristo, recibimos una meta que perseguir.

Nos convertimos en parte de algo que es mucho mayor y mucho más importante que nosotros mismos. Tal vez estés luchando por definir el éxito y fijarte metas. Es posible que no sepas lo que quieres. Quizá te sientas como si la aguja de tu brújula estuviera dando vueltas mientras vas a la caza del Ave Salvaje. Solo te quiero recordar que formas parte del mayor de todos los sueños que hayan sido soñados jamás.

Por tanto, vive con unas buenas agallas a la antigua. ¡Deja de jugar a la defensiva y comienza a jugar a la ofensiva!

TU CAZA

- Cuando se trata de la voluntad de Dios, ¿dirías que tienes más temor de perderte oportunidades, que de cometer errores? Explica tu respuesta.
- Piensa en algún momento del pasado en el cual hiciste algo temerario para Dios. ¿Cuál fue el resultado? ¿Cómo te sientes con respecto a esa experiencia cuando la recuerdas?
- ¿Hay algo temerario que te agradaría hacer ahora para Dios? ¿Cuáles son los temores que se interponen en tu camino para hacerlo? ¿Qué piensas que Dios te quisiera decir acerca de esos temores?
- ¿Tienes hecha una lista de metas para tu vida? Si la tienes, ¿qué hay en ella? Si no la tienes, ¿cuáles serían las diez primeras metas que querrías escribir en una lista así? Mientras sigues persiguiendo la visión que Dios te ha dado, ¿hasta dónde te llevará desde aquí la caza del Ave Salvaje?

EPÍLOGO

LA MADONA DEL FUTURO

Mi creencia más profunda es que vivir como si
nos estuviéramos muriendo nos hace libres.

—ANNE LAMOTT

H enry James escribió en una ocasión una historia titulada «La Madona del futuro». Se trata de una artista que
dedica toda su vida a una sola pintura. Pero cuando muere la
artista, se descubre que su lienzo aún está en blanco. No había
terminado la pintura porque nunca la había comenzado.

Lord Acton, historiador del siglo diecinueve, tomó prestada
la frase de James para describir la obra que había realizado en su
propia vida. Este notable pensador (famoso en los círculos del DC
por su aforismo: «El poder tiende a corromper, y el poder absoluto
corrompe absolutamente») fue autor de numerosas conferencias,

ensayos y revisiones. Sin embargo, nunca publicó un solo libro. De hecho, a la gran obra de su vida, *A History of Liberty* [Una historia de libertad], la llamaba su «Madona del futuro». Y sin embargo, muchos la describen como «el libro más excelente que se haya escrito jamás». En palabras de Daniel Boorstin, Lord Acton «siempre se sentía desalentado por la imperfección del material, siempre retrasaba su labor unificadora con la promesa de que llegarían nuevos datos y nuevas ideas»[25]. Boorstin decía que Lord Acton sabía demasiado para estar escribiendo. Y de esa manera, la gran obra de su vida, la culminación de todo lo que había aprendido y experimentado, se convirtió en una «Madona del futuro».

De manera que esta es mi pregunta: ¿Cuál es tu lienzo sin pintar, o tu libro sin escribir? ¿Cuál es ese sueño que te ha dado Dios y que se está llenando de polvo? ¿Cuál es la pasión que ha puesto Dios en ti, y que todavía sigue enjaulada?

No tengo idea de cuál pueda ser tu «Madona del futuro». Pero esto es lo que sí sé: Nunca terminarás lo que no comiences. Y aquí es donde hay tantos que nos quedamos atascados. No damos el primer paso, así que la caza del Ave Salvaje nunca llega ni siquiera a comenzar. En lugar de salir en busca de la aventura, nos contentamos con la rutina. En lugar de jugar a la ofensiva con nuestra vida, jugamos a la defensiva. Y en lugar de vivir por fe, permitimos que sean nuestros temores los que dicten nuestras decisiones.

EL ÚLTIMO DÍA DE TU VIDA

Siempre me ha encantado la perspectiva de Frederick Buechner acerca de la vida. Él fue el que dijo: «Hoy es el primer día de tu vida porque nunca antes ha transcurrido, y hoy es también el último día de tu vida porque nunca volverá a transcurrir». Es una excelente perspectiva con respecto al día de hoy. Y una gran manera de enfocar la vida.

¿Qué tal si tratáramos cada día como el primero y el último día de nuestra vida? ¿Cómo cambiaría ese punto de vista nuestra manera de tratar a la gente que nos rodea? ¿Cómo cambiaría nuestra manera de usar el tiempo? ¿Cómo cambiaría nuestra manera de fijarnos prioridades en la vida?

En fuerte contraste con Lord Acton, Evariste Galois se destaca como testimonio de lo que se puede realizar en un solo día. El 29 de mayo de 1832, Galois se sentó y escribió una obra maestra de matemáticas que constaba de sesenta páginas. La escribió de principio a fin en una sola sentada. En una noche, logró más de lo que hacen la mayoría de las personas en toda su vida. «Lo que él escribió en aquellas horas desesperadamente largas que preceden al alba», según Eric Bell, «mantendrá ocupadas a generaciones enteras de matemáticos durante centenares de años»[26].

¿Cómo fue que Galois hizo eso? Bien, aquí está el resto de la historia. Pescheux d'Herbinville[27] lo había retado a un duelo, y Galois sabía que aquella podría ser su última oportunidad de dejar un legado. Trató aquel 29 de mayo de 1832 como si fuera el último día de su vida. En los márgenes del papel escribió varias veces: «No tengo tiempo, no tengo tiempo». Escribió frenéticamente, terminando tres horas antes del amanecer.

Al día siguiente, Galois murió por heridas de bala.

La muerte tiene su propia manera exclusiva de poner una sensación de desesperación y definición en nuestra vida, ¿no es cierto? Se centra en nuestras facultades. Define nuestras prioridades. Y de una manera extraña, la inminencia de la muerte intensifica la vida. Entonces, ¿por qué tantos de nosotros esperamos a estar a punto de morir para comenzar a vivir realmente?

¿A qué estamos esperando?

Ya he afirmado que no creo que la fecha del fallecimiento de una persona sea forzosamente la misma que aparece grabada en su lápida. La mayoría de la gente muere mucho antes de esa fecha. Y en este mismo sentido, la mayoría de la gente no comienza a vivir sino hasta mucho después de haberse sellado su certificado de nacimiento… o, si vamos al caso, mucho después de haberse convertido supuestamente en adultos responsables. Mientras no salgamos de la jaula que nos esté reteniendo, sea cual fuere, llevaremos una vida sin fruto y sin realización. Pero comienza a cazar al Ave Salvaje y recibirás una vida tal como nunca antes la has experimentado. La verdadera vida y la verdadera aventura comienzan en el momento en que naces del Espíritu y comienzas a cazar al Ave Salvaje (Juan 3.8).

CAZAR CONEJOS; CAZAR AVES SALVAJES

Hace poco leí una entrevista con Dallas Willard en la que él relata una historia acerca de una carrera de galgos que tuvo lugar en la Florida hace algunos años. A los galgos se los entrena para que persigan a un conejo electrónico a lo largo de una pista, pero una noche, el conejo se rompió y los galgos lo atraparon. Lo divertido es que aquellos galgos no sabían qué hacer. Se limitaron a quedarse alrededor de él, ladrando, saltando y aullando. Estaban confundidos por completo. Dallas Willard dijo:

> Me parece que esto es una imagen de lo que sucede con todas las clases de personas que logran atrapar al conejo que persiguen en su vida. Ya se trate de riquezas, fama, belleza, una casa más grande, o lo que sea, el premio no es lo que ellos pensaban que sería. Y cuando por fin lo

consiguen, no saben qué hacer con su vida. Esto es un gran factor para hacer que terminemos malamente; la gente necesita un conejo que no se rompa. Pero eso no es algo que los valores superficiales de este mundo le puedan dar en realidad[28].

En última instancia, el único «conejo» que vale la pena perseguir es un ave; el Ave Salvaje.

¿Sabías que unos científicos israelíes han descubierto una sección del código genético (la DRD4) que podría explicar nuestro anhelo primitivo de aventura? Y aunque siguen adelante las investigaciones, todo parece indicar que la necesidad de aventura forma parte del diseño genético que Dios puso en nosotros. Somos criaturas en busca de aventuras. Es la forma en que estamos programados. Necesitamos algo de peligro, algo de desafío, algo de riesgo. Y el único que puede satisfacer por completo ese anhelo de aventura del ser humano es aquel que nos creó con ese anhelo: Dios mismo.

Todas las demás cacerías que no sean la del Ave Salvaje te dejarán con una sensación de vacío. Todas las demás cacerías te dejarán una sensación acuciante de que aún falta algo. ¿Por qué? Porque todo lo demás lo podemos atrapar o llevar a cabo, pero eso no puede suceder con el Ave Salvaje. El Ave Salvaje nos elude eternamente. Y por eso vale la pena lanzarse a su caza. En palabras de A. W. Tozer: «La eternidad no va a bastar para aprender todo lo que Dios es, ni para alabarlo por todo lo que ha hecho».

UNA NUEVA VISITA A LAS SEIS JAULAS

En vista de todo lo anterior, ¿qué te mantiene todavía enjaulado? Aunque has estado leyendo *Tras el rastro del Ave Salvaje,* tengo la esperanza de que no solo hayas logrado identificar cuáles son las jaulas que te impiden tener la aventura espiritual que Dios te tiene destinada. También tengo la esperanza de que hayas identificado algunos pasos que puedes dar.

La caza del Ave Salvaje comienza cuando te sales de la *jaula de la responsabilidad* para comenzar a perseguir las pasiones que Dios puso en ti, como hizo Nehemías. ¿Qué te hace sentir triste, enojado o gozoso? Y, ¿qué vas a hacer al respecto? Somos demasiados los que permitimos que nuestras responsabilidades humanas nos impidan cumplir con nuestro llamado primario: perseguir las pasiones que Dios nos ha puesto en el corazón. Tal vez haya llegado la hora de dejar de orar para comenzar a actuar. Y te aseguro una cosa: Si das tu primer paso en fe, te seguirán señales que lo confirmarán.

O tal vez te has quedado atascado en la *jaula de la rutina*. En algún punto del camino, tu relación con Dios se ha vuelto más una tarea que una aventura. Mira, si no interrumpes esa rutina, al final dejarás de vivir para comenzar solamente a existir. Entonces, ¿qué cambios necesitas hacer en tu vida? Algo tan sencillo como un cambio de ritmo o un cambio de lugar te puede dar una nueva perspectiva sobre la vida. Este es mi consejo: Quítate las sandalias y tira al suelo tu vara. Da algunos pasos radicales para simplificar tu vida. Créate algún margen para la espontaneidad espiritual. Y aprende a escuchar a Dios.

Sin duda alguna, entre nosotros habrá quienes se encuentran metidos en la *jaula de los supuestos*. Ponemos demasiados techos de dos metros y medio entre nosotros y Dios. ¿En qué aspecto has hecho a Dios a tu imagen? Y, ¿dónde necesita Dios volverte a hacer a la imagen suya? ¿Dónde necesitas mantenerte esperando contra toda esperanza? Y, ¿qué supuestos personales necesitas desafiar? Te lo voy a decir de nuevo: nunca serás lo suficientemente bueno, o listo, o experimentado. Pero tus capacidades no son el tema.

Cuando caces al Ave Salvaje, lo mejor que puedes hacer es lo mejor que Dios mismo puede hacer. Y Dios puede hacer incalculablemente más que todo lo que tú pudieras pedir o imaginarte.

Una de las jaulas en las que nos encontramos muchos de nosotros entrando y saliendo con frecuencia es la *de la culpabilidad*. A Satanás le encanta recordarte tus errores del pasado una y otra vez. ¿Por qué? Porque así no te quedarán energías emocionales ni espirituales para tener sueños del reino. Pero Jesús vino a reacondicionar nuestra culpabilidad con su gracia. Y cuando alguien recibe su gracia, esa gracia no solo reacondiciona su corazón, sino que también lo convierte en un revolucionario por su causa. Entonces, ¿qué reacciones necesitan que se acondicionende nuevo? ¿Hay en tu vida algún pecado que necesitas confesar? ¿A quién necesitas perdonar?

En algún momento de nuestra vida espiritual, todos vamos a parar a la *jaula del fracaso*. Y la forma en que la manejemos nos levanta o nos hunde. Cuando fallan nuestros planes, tenemos la tentación, no solo de echar a rodar nuestros sueños, sino también a darnos por vencidos en cuanto a Dios y a nosotros mismos. Pero algunas veces, hace falta un naufragio para que lleguemos donde Dios quiere que vayamos. Y lo que parece un desastre total, en realidad es lo que va a establecer un nuevo rumbo para nuestra vida. ¿Estás cansado de los retrasos divinos? ¿Sientes que tu vida es un desvío divino? Permíteme recordarte tres cosas: (1) mientras más tiempo tengas que esperar, más lo vas a valorar; (2) algunas veces, lo más espiritual que puedes hacer, es quedarte tranquilo sin desmayar; y (3) el sentido del humor te puede ayudar a atravesar casi todas las situaciones. Y otra cosa más: ¡Por loca que se vuelva la caza del Ave Salvaje, no te olvides de disfrutar del viaje!

Por último, si quieres experimentar la aventura que Dios quiere para ti y te tiene destinada, tienes que salir de la *jaula del temor.* No permitas que los temores acerca de lo desconocido sean los que dicten tus decisiones. ¿Por qué? ¡Porque Dios está de tu lado! Haz de la declaración de fe de Jonatán tu modus operandi: «Espero que el Señor nos ayude». No juegues en la vida a la defensiva. Juega a la ofensiva con tus hijos, con tu esposa, con tu vida. No busques por el camino que te ofrezca la menor resistencia. ¡El camino difícil es el mejor! Y deja de vivir como si la voluntad de Dios fuera un plan de seguro. Atrévete a soñar grandes cosas para Dios.

EL LLAMADO DE LA NATURALEZA

Hace solo unos meses estaba leyendo los escritos de John Muir, el fundador del Club Sierra. Muir era un extraordinario aventurero. Subía montañas, cruzaba ríos y exploraba glaciares mucho antes de que existieran cosas como los GPS, las cocinas de acampada de treinta mil BTUs o las unidades de hidratación CamelBak.

Uno de mis momentos favoritos en la vida de Muir tuvo lugar en diciembre de 1874. John Muir se estaba quedando con un amigo en su cabaña de la Sierra Nevada, cuando comenzó una fuerte tormenta invernal. El viento era tan fuerte, que hacía que los árboles se inclinaran. Y aunque la mayoría de las personas se retirarían a un refugio en una situación así, Muir salió de la cabaña y se fue a caminar en medio de la tormenta. Encontró la cresta de una montaña, se subió hasta lo más alto de un gigantesco abeto Douglas y allí se quedó aferrado para no perder la vida. Durante varias horas, Muir deleitó sus sentidos con lo que veía, oía y olfateaba.

Luego escribiría en su diario: «Cuando la tormenta comenzó a sonar, no perdí tiempo en lanzarme a los bosques para disfrutarla. Porque en esas ocasiones, la naturaleza siempre tiene algo poco frecuente que mostrarnos, y el peligro para la vida y la integridad física no es mucho más grande que el que uno tendría si se queda agachado con disgusto debajo de un techo».

Me encanta el comentario de Eugene Peterson sobre esta historia de Muir. Dice que la historia de John Muir subiéndose hasta lo más alto de un abeto Douglas azotado por la tormenta es «una imagen de la espiritualidad cristiana». Lo llama «una firme represión contra el intento de convertirse en un simple espectador de la vida, prefiriendo la comodidad de las criaturas al enfrentamiento del Creador».

Ya has estado cómodo bastante tiempo, ¿no es así? ¿Acaso no irá siendo hora de que salgas de la jaula?

Y recuerda: en última instancia no se trata de ti. Se trata de aquel que quiere escribir su historia a través de tu vida. Un mundo lleno de necesidades urgentes no puede sobrevivir sin lo que tú le aportas cuando te conviertes en parte de algo que es más grande y más importante que tú: la causa de Cristo en esta generación. No podría haber nada más grande en juego. Y como los discípulos del siglo primero, nosotros tenemos la oportunidad de volver al mundo al revés.

Hace dos mil años, Jesús nos hizo una invitación que sigue en pie: Sígueme. Pero junto con ella venía una advertencia: «Las zorras tienen madrigueras y las aves tienen nidos […] pero el Hijo del hombre no tiene dónde recostar la cabeza» (Mateo 8.20). Cuando te embarques en tu propia caza del Ave Salvaje, nunca sabrás dónde vas a ir a parar. Jesús nunca nos prometió seguridad, certeza o previsibilidad. Y ciertamente, no murió en la cruz para domesticarnos. Murió para volvernos peligrosos. Murió para invitarnos a una vida de aventura espiritual. Y si tienes la valentía de salirte de la jaula y darte a la caza del Ave Salvaje, ¡tu vida se volverá una aventura distinta cada día!

Deja de vivir como si la razón de ser de
la vida fuera llegar seguro a la muerte.

Fíjate unas metas que sean
del tamaño de Dios.

Persigue las pasiones que Dios ha puesto en ti.

Ve tras un sueño que esté destinado a fracasar
si no se produce una intervención divina.

No permitas que el temor dicte tus decisiones.

No tomes el camino de salida
que te sea más fácil.

No mantengas el statu quo.

La madona del futuro

Deja de señalar los problemas para
convertirte en parte de la solución.

Deja de repetir el pasado y
comienza a crear el futuro.

Deja de jugar para no perder, y
comienza a jugar para ganar.

Amplía tus horizontes.

Crea algunos márgenes.

Quítate las sandalias.

Busca cuanta excusa puedas para
celebrar todo lo que puedas.

Vive el día de hoy como si fuera el
primero y el último de tu vida.

No permitas que lo que anda mal
en ti te impida que adores a Dios
por lo que hay de bueno en Él.

Quema los puentes del pecado.

Desafía los viejos supuestos
del pasado.

Abre nuevos caminos.

No dejes de cometer errores.
Celebra tus fracasos.

La madona del futuro

No trates de ser el que no eres. Sé tú mismo.

No te dediques a ganarte la vida.
Hazte tu propia vida.

Deja de andar buscando excusas.

Deja de jugar a la defensiva.

Y deja de poner techos de dos metros y
medio en lo que Dios puede hacer contigo.

¡Date a la caza del Ave Salvaje!

RECONOCIMIENTOS

He aprendido una gran cantidad de lecciones desde que se publicó mi primer libro, *Con un león en medio de un foso*. He aprendido que cuando uno escribe un libro, la gente piensa que sabe más de lo que en realidad sabe. Créeme, no es cierto. Para mí, el hecho de escribir ha tenido el efecto de hacerme humilde. Me obliga a enfrentarme a la gran cantidad de cosas que desconozco.

Escribir también me ha ayudado a ir descubriendo quién soy y quién no soy. Y lo que no soy es lo que me ayuda a valorar a la gente que me rodea. Le debo mi agradecimiento a tantas personas, que es difícil saber por dónde comenzar.

En primer lugar y por encima de todo, les quiero dar las gracias a mi esposa y a mis hijos por soportar las levantadas de madrugada y las noches con pocas horas de sueño que dieron como resultado *Tras el rastro del Ave Salvaje*. En mi caso, escribir es una labor de amor. Me encanta, pero decididamente, significa una gran cantidad de trabajo. Y mi familia fue increíblemente generosa y bondadosa, sobre todo cuando la fecha límite para la entrega del libro se iba acercando.

Le quiero dar las gracias a la National Community Church, en Washington DC, por permitirme ser su pastor. No querría estar en ningún otro lugar, ni haciendo ninguna otra cosa. Me inspiran continuamente nuestro personal y nuestros líderes, que están tan bien dotados y se hallan tan comprometidos con la causa de Cristo. ¡Ustedes hacen que mi trabajo sea muy fácil! Y un agradecimiento especial a nuestro equipo de oración, que estuvo orando por mí mientras escribía este libro. Y dicho sea de paso, ¡también oraron por ti!

También le quiero dar las gracias a todo el equipo de Water-Brook Multnomah. Gracias por creer en mí. Gracias por darme ánimos. Y gracias por su colaboración para poner en manos de los lectores lo que Dios me ha puesto en el corazón. Durante todo este año, he recibido centenares de correos electrónicos de lectores que han sido impactados por el libro *Con un león en medio de un foso*. ¡Cada uno de ustedes habría debido recibir una copia de todos esos mensajes!

Una de las lecciones que he aprendido en la vida y en el ministerio es que uno solo es tan bueno como la gente con la que se rodea. Así que gracias a Stephen Cobb y Ken Petersen por su liderazgo. Gracias por su creatividad a Tiffany Lauer, Allison O'Hara y todo el equipo de mercadeo. Gracias a Joel Ruse, Leah Apineru, Lori Addicott, Alice Crider, Jessica Lacy, Elizabeth Johnson, Carie Freimuth, Joel Kneedler, Julia Wallace y Jon Woodhams por su diligencia y su ayuda. Y mi especial agradecimiento a David Kopp y Eric Stanford por su paciencia y genio que me ayudaron a darle forma a *Tras el rastro del Ave Salvaje*.

ΠOTAS

1. Mark Batterson, *Con un león en medio de un foso* (Editorial Nivel Uno, 2018). La historia de Benaías se encuentra en 2 Samuel 23.20–23.
2. Roger Highfield, *The Physics of Christmas* (Brown, 1998).
3. De Wilson Snowflake Bentley, www.snowflakebentley com.
4. Stephen R. Graves y Thomas G. Addington, *The Fourth Frontier: Exploring the New World of Work* (Word, 2000).
5. Frederick Buechner, *The Hungering Dark* (HarperSanFrancisco, 1985).
6. Peter Marshall, *Mr Jones, Meet the Master!* (Revell, 1988).
7. La pasión fue concebida en el mes de quisleu (noviembre-diciembre). Nehemías no se la expresó con palabras al rey hasta el mes de nisán (marzo-abril).
8. Citado por Jack Canfield y Mark Víctor Hansen en *The Aladdin Factor* (Berkley Books, 1995).
9. Abraham Cohén, *Everyman's Talmud* (Schocken Books, 1995).
10. ¿No sabes por dónde comenzar? Yo tengo un amigo llamado Brian Mosley, quien dirige una maravillosa organización llamada «*The Right Now Campaign*» [La Campaña de Ahora Mismo]. Son una valiosa fuente de información para las organizaciones misioneras. Los puedes encontrar en www.rightnow.org.
11. John Darley y C. Daniel Batson, «From Jerusalem to Jericho», *Journal of Personality and Social Psychology 27*, 1973.
12. Doron Nof, Ian McKeague y Nathan Paldor, «Is There a Paleolimnological Explanation for "Walking on Water" in the Sea of Galilee?», *Journal of Paleolimnology 35*, 2006, pp. 417-439. Lo puedes encontrar en línea en www.doronnof.net.

13. A.W. Tozer, *El conocimiento del Dios santo* (Editorial Vida, 1996)].
14. William Beebe, *The Book of Naturalists* (Princeton University Press, 1988).
15. Rolf Smith, *The Seven Levéis of Change* (Summit, 1997).
16. Pat Williams con Jim Denney, *The Paradox of Power* (Warner, 2002).
17. Peter Marshall y David Manuel, *The Light and the Glory* (Revell, 1977).
18. Le quiero agradecer a mi amigo y mentor Dick Foth por sus ideas acerca de este pasaje. Las ideas que presento en esta sección son suyas.
19. Oswald Chambers, *En pos de lo supremo* (Clie, 2007).
20. William J. Gehring y Adrián R. Willoughby, «The Medial Frontal Cortex and the Rapid Processing of Monetary Gains and Losses», *Science* 295, n° 5563 (22 de marzo de 2002), pp. 2279-2282. Disponible en línea en www.sciencedmag.org.
21. Algunos de estos pensamientos fueron inspirados originalmente por Erwin McManus y su libro *Atrape su momento divino*.
22. Lee la lista de metas para la vida que se hizo Ted Leonsis en www.superviva. Com (consultado el 25 de marzo de 2008).
23. «Metas audaces, difíciles y grandes» es una expresión que usan James C. Collins y Jerry I. Porras en *Empresas que perduran* (Paidós, 1996).
24. Puedes hallar la lista de metas que yo escribí para mi vida en www.markbatterson.com.
25. Daniel J. Boorstin, *The Seekers* (Random House, 1998).
26. Eric T. Bell, *Los grandes matemáticos* (Editorial Losada, 1948).
27. Aunque la identidad de la persona que retó a Galois está rodeada por cierta incertidumbre histórica, Alejandro Dumas menciona a Pescheux d'Herbinville.
28. Dallas Willard, citado por Robert Buford, «Is There Something More? A Conversation to Remember», Career Planning & Adult Development Network, *Network Newsletter,* enero/febrero de 2005 (www.careernetwork.org consultado el 25 de abril de 2008).

ꟿARK BATTERSOꟁ es el pastor principal de *National Community Church* (www.theaterchurch.com) en Washington, DC. Una iglesia con ocho ubicaciones. NCC se enfoca en llegar a las generaciones emergentes y se reúne en teatros en todo el área metropolitana de DC. NCC también posee y opera el café más grande en Capitol Hill, (Ebenezers).

Mark tiene un Doctorado en Ministerio de Regent University y es el autor más vendido del New York Times de 11 libros. *Con un león en medio de un foso, Persigue tu león, Sé hombre, Susurro* (ganador de la medalla de oro) y *Tras el rastro del ave salvaje*.

Mark está casado con Lora y viven en Capitol Hill con sus tres hijos: Parker, Summer y Josiah.

¡DEJA DE CAMINAR SEGURO Y COMIENZA A CORRER HACIA EL RUGIDO!

Persigue tu león es más que un eslogan; se trata de un enfoque radicalmente diferente ante la vida. Solo cuando dejamos de temer al fracaso podemos agarrar a la oportunidad por la melena.

En base a 2 Samuel 23, *Persigue tu león* narra la historia real de un antiguo guerrero llamado Benaía que persiguió a un león hasta un hoyo un día con mucha nieve… y lo mató. Para la mayoría de la gente, esa situación no sería simplemente un problema… sería el último problema al que alguna vez se enfrentaron. Para Benaía, era la oportunidad para entrar en su destino. Después de derrotar al león, consiguió el trabajo con el que soñaba —guardia personal del rey David— y, al final, se convirtió en comandante en jefe del ejército de Israel bajo el imperio de Salomón.

Escrito de una manera que desafía y anima, este libro revolucionario te ayudará a dar rienda suelta a la fe y al valor que necesitas para identificar, perseguir y atrapar tus sueños.

¡PERSIGUE TU LEÓN! ¡CAMBIA AL MUNDO!

CÓMO SOBREVIVIR Y TRIUNFAR
CUANDO LA ADVERSIDAD RUGE

¿Qué pensarías si la vida que en realidad deseas y el futuro que Dios quiere para ti, estuvieran ocultos en el mayor de tus problemas, el peor de tus fracaso... o el más fuerte de tus temores?

«No te conformes con una vida normal. Conquista tus temores, acepta la unción de Dios, salta a ese foso, persigue al león y observa las maravillosas maneras en que el reino de Dios se acerca».

¡SOBREVIVE Y TRIUNFA!

Dios todavía habla.
¿Sabes escuchar su voz?

La voz que al hablar trajo a la existencia al cosmos, es la misma que separó el Mar Rojo e hizo que el sol se detuviera a mediodía. Un día, esa voz hará todas las cosas nuevas; sin embargo, ¡te está hablando ahora!

Esa voz es la voz de Dios y lo que hemos aprendido de la Escritura es que Él, a menudo, habla en un susurro. No para dificultar que le oigamos, sino para acercarnos a Él. A muchas personas les es difícil creer que Dios todavía habla. En tiempos antiguos y de maneras misteriosas, Dios hablaba a su pueblo, pero ¿está todavía hablándonos?